더 깊은 사귐

A Pathway to Freedom

Copyright ⓒ 2007 by Savario Mungo

Originally published in English in the U.S.A. under the title: *A Pathway to Freedom*

All rights reserved

This Korean Translation copyright ⓒ 2017 by Duranno Ministry

더 깊은 사귐

지은이 | Savario Mungo & Marietta Della Penna
편역 | 유해룡
초판 발행 | 2017. 6. 13
2쇄 발행 | 2024. 3. 26
등록번호 | 제1988-000080호
등록된 곳 | 서울특별시 용산구 서빙고로65길 38
발행처 | 사단법인 두란노서원
영업부 | 2078-3352   FAX | 080-749-3705
출판부 | 2078-3331

책값은 뒤표지에 있습니다.
ISBN 978-89-531-2869-9 03230

독자의 의견을 기다립니다.
tpress@duranno.com   www.duranno.com

* 이 책에 사용된 성경은 개역개정임을 밝힙니다.

두란노서원은 바울 사도가 3차 전도여행 때 에베소에서 성령 받은 제자들을 따로 세워 하나님의 말씀으로 양육하던 장소입니다. 사도행전 19장 8-20절의 정신에 따라 첫째 목회자를 돕는 사역과 평신도를 훈련시키는 사역, 둘째 세계선교(TIM)와 문서선교(단행본·잡지) 사역, 셋째 예수문화 및 경배와 찬양 사역, 그리고 가정·상담 사역 등을 감당하고 있습니다. 1980년 12월 22일에 창립된 두란노서원은 주님 오실 때까지 이 사역들을 계속할 것입니다.

향심 기도를 통한 영성 훈련

더 깊은 사귐

유해룡 편역

두란노

차례

하나님과 일치되는
기도를 향하여

근대 서구 문명의 특징을 기술 (technique)로 보는 신학자 자크 엘륄(Jacques Ellul, 1912-1994, 법학박사, 사회학자, 신학자, 철학자로 보르도대학 교수로 재직했음. 나치 치하에서 유대인들을 구하는 데 공헌하여 이스라엘 사람들로부터 '열방 가운데 의인'이라는 칭호를 받음)은 현대 서구에서 기도가 위기에 처한 원인들 중 하나는 효율성을 강조하는 기술 환경이라고 한다. 현실주의적이고, 종교적 가치관에 회의 섞인 시선을 보내는 사회에서 요구하게 되는 것은 비효율적인 기도보다는 행동과 효율성이다. 이러한 기술 환경 속에서 자각이 없는 기도는 자칫 맹목적이고 광신적인 경향으로 흐를 수 있다.

왜곡된 기도

엘륄은 네 종류의 왜곡된 기도에 대해 서술하고 있다. 첫째, 습관적인 기도다. 둘째는 광신적인 기도, 즉 냉철한 판단력을 잃게 하여 하나님과의 진지한 만남을 방해하는 기도이다. 이런 행위는 하나님의 임재를 믿게 하려는 것이지, 하나님과의 소통이 이루어지는 진정한 임재는 아니다. 셋째는 양심을 무마시키는 기도로, 자신은 하나님께 소원을 빌었으니 실제로 그 상황에 뛰어들지 않아도 된다고 믿는 기도다. 넷째는 무기력한 기도로서, 기도를 하나의 도피처로 삼는 것이다. 즉 자신은 아무것도 할 수 없으니까 하나님께 모두 맡긴다고 하면서 분명한 통찰력과 결단을 포기하는 기도다.

　종교심리학에서는 기도를 인간의 본래적인 욕구에서 나온 것으로 이해하며, 기술의 발전에 따라 사람들은 기도를 더욱 자신들의 욕구를 충족시키기 위한 수단으로 변질시킬 여지가 있다고 본다. 정신분석학에서는 기도를 자기 암시(auto-suggestion), 언어적 자기 자극(verbal self-stimulation)이라고 한다. 기도에 대한 이러한 해석은, 실상 '기도는 자신의 내면에게 말하는 것'이라고 주장하는 이들의 의견을 뒷받침한다. 그러나 인간의 욕구 충족보다는 다른 존재와 관계를 맺으려는 욕구가 기도의 본질이라는 것을 기억해야 한다. 왜냐하면 일단 어떤 본질적인 실존과 관계를 맺기 시작하면, 더 이상 자신의 개인적인 욕구는 문제가 되지 않는다는 것을 사람들은 경험하기 때문이다. 그러므로 기도자는 내가 아닌 다른 존재와 진정한 관계를 맺고 그로부터 나의 존재를 확인받은 후 그에게 응답하려는 욕구에 이를 때, 보다 심도 있는 기도를 체험한다.

바람직한 기도에 대한 제안

기도의 다차원적 의미

그리스도인들의 기도는 자신의 욕구 성취와는 별개로 도달해야 할 또 다른 목표가 있다. 기도를 실용적 수단으로 여기면, 자기 내면의 욕구가 거룩한 것이든 세속적인 것이든 그 성취에 초점을 맞추게 된다. 만일 기도의 효험성이나 그 능력을 평가하고자 할 때 기도의 결과가 자기 욕구와 어느 정도 일치했느냐에 의존한다면, 그것은 샤머니즘의 기도와 큰 차이가 없다. 이러한 샤머니즘적 기도에는 그 이상의 어떤 의미도 부여할 수 없다. 그렇다면 기도의 결과가 자신이 구했던 내용과 일치하지 않을 때, 우리가 하나님께 드리는 기도의 효용성은 어디에서 찾아야 할까? 그리스도인들이 기도의 효험을 말하고자 한다면 그것은 다차원적으로 다루어져야 한다. 여기서 기도의 다차원적인 특성이란 기도의 청원적 성격, 하나님과의 인격적 교제의 성격 그리고 마지막으로 자기 변화적인 성격을 뜻한다.

청원적 기도를 할 때 우리는 왜 동일한 내용을 거듭해서 아뢰어야 하는가? 단지 몇 마디 말로는 우리의 뜻이 하나님께 제대로 전달되지 않는다고 믿기 때문인가? 만약 그것이 샤머니즘 차원의 기도라면 주문 외우듯 기도에 공을 들이기 위한 것이다. 그래서 마침내 하나님을 감동시켜 움직여 보자는 생각인 것이다. 지성(至誠)이면 감천(感天)이라는 말이 바로 그러한 의미이다. 그런데 그리스도인들이 드리는 반복적인 기도가 이와 동일한 의미를 갖는다면, 하나님의 은혜는 어디에서 찾아야 하는가?

그리스도인들이 동일한 내용을 가지고 매일 반복적으로 기도 드리는 것은 결코 공을 들이거나 하나님을 감동시키기 위한 행위가 아니다. 그리스도인들의 기도는 그 어디에도 공로적 의미를 부여해서는 안 된다. 거듭되는 기도는 하나님께 어떤 정보를 제공하려는 것도 아니고, 공로를 인정받기 위한 것도 아니다. 그것은 하나님을 향하여 굳게 닫혀 있는 마음을 열고, 그럼으로써 관대한 마음으로 하나님과의 인격적 교제에 참여하려는 것이다. 이 자유롭게 열린 상태에서 성령님의 역사가 일어나며 이로 말미암아 우리는 하나님과의 관계를 형성하게 된다. 그러므로 기도의 결과가 자기의 욕구와 일치되지 않는다 할지라도, 그리스도인들의 기도는 하나님과의 친밀한 관계적 차원에서 그 의미를 찾을 수 있다.

그리스도인들의 기도는 하나님이 주신 은총의 행위, 즉 자신의 의지를 하나님의 뜻에 완전히 굴복시키려는 행위이다. 샤머니즘적 기도는 결코 기도의 대상을 향해 자신을 굴복시키지 않는다. 그런 기도는 기도라는 수단을 통해서 자기의 뜻을 더욱 강화시켜 간다. 만약 기도의 결과가 자신의 욕구와 일직선상에 놓여 있기를 고집한다면, 그 기도는 청원적 성격 그 이상을 기대할 수 없다. 그러나 자신이 무엇을 구하든지 그 결과에 대해서 개방적인 자세를 가지면, 마침내 그 기도를 통하여 자기 자신을 보게 된다.

매튜 헨리(Matthew Henry)는 *A Method for prayer*(기도의 방법)이라는 그의 역작에서 "기도란 하나님을 움직이거나 강요하는 것이 아니라 우리 자신을 움직이게 하고 우리 자신을 강요하는 것이다"라고 했다. 기도란 하나님으로 하여금 우리 자신을 이해하도록 만드는 것이 아니고, 우리가 우리 자신을 보다 더 잘 이해하는 데에 그 일차적인 중요성이 있다. 기도를 통해서 우리는 자기 자신을 초월하여, 스스로를 관조(觀照)하게 된다. 그래서 자신이 하나님 앞에서 어떠한 사람인지를 자각하게 된다.

기도는 분명히 우리의 소원을 하나님께 청원하는 것 이상의 의미를 지닌다. 하나님은 결코 변덕스러운 신이 아니며, 기도는 하나님께 소원 목록을 상정하는 수단이 아니다. 기도는 우리의 시선을 바꾸어 우리를 향하신 하나님의 비전과 그 뜻을 이해하고 발견하도록 해준다. 기도는 하나님이 인간에게로, 인간이 하나님에게로 나아가는 운동이며, 만남의 행위이다. 이 만남이 어떠한 방식으로든지 이루어지면 그것이 참 기도의 행위이다. 그러므로 건강한 기도는 맹목적인 욕구로부터 벗어나 하나님과의 인격적인 관계를 형성하게 해준다. 또한 하나님이 주신 통찰력을 통하여 어렴풋이나마 하나님이 우리 안에 두신 소원이 무엇인지를 알아차리도록 해주며, 그것을 이루기를 기도 가운데 갈구하게 된다.

예를 들어 "내가 무엇을 원합니다," "내가 만족과 기쁨을 얻기 원합니다" 등의 욕구가 동기가 되어 기도를 시작하였을지라도 이 기도에 다른 사람들을 포함시키고 나아가서 하나님께 이른다면, 기도의 결과가 자기 욕구와 일직선상에 있든 그렇지 않든 상관없이 이미 기도 응답은 시작된 것이다. 욕구가 동기를 부여하여 기도하게 만들기는 하지만, 그 욕구의 실현 여부가 기도의 응답 여부를 가늠하는 기준이 될 수는 없다. 오히려 그 욕구로부터 출발된 기도자의 마음이 그 욕구로부터 자유함을 얻으면서 기도자는 자신이 지극히 연약한 존재임을 절감한다.

약할 때에 내가 강하다는 역설적인 영적 진리를 체험할 때, 우리의 기도는 하나님과의 소통을 이루게 된다고 할 수 있다. 왜냐하면 기도가 더 깊어지면 깊어질수록 기도자는 자신의 존재가 하나님께 절대 의존적이라는 사실을 매우 진지하게 받아들일 수밖에 없기 때문이다. 신뢰와 순종 없이 자기 욕구에 집착한 기도는 이런 진리에 이르기 전에 자기 암시적 효과를 추구하게 된다. 그러면서 그 욕구와 안정을 보장해주는 왜곡된 하나님 이미지를 만들어간다. 그 투사된 이미지는 역으로 개인의 부정적인 인격을 형성하게 한다.

바람직한 기도에 대한 제안

기도는 '무엇'을 구하는 것이 아니라 '누구'를 구하는 것이다. 즉 기도는 하나님 체험에 대한 개인의 반응이다. 기도는 경외감을 가지고 그분에게 귀를 기울이는 마음의 자세로부터 출발한다. 기독교 기도의 궁극적인 목적은 하나님과의 소통이요, 사귐이요, 우정 쌓기이다. 성경은 곳곳에서 하나님에 대한 신뢰를 강조한다. 그 신뢰는 순간적인 내적 결심을 통해서 얻어지는 덕목이 아니다. 그것은 하나님과의 지속적인 사귐과 소통을 통해서 내 안에 형성되는 그 무엇이다. 종교적 심성에 기초한 기도는 마치 우리가 하나님께로 올라가는 듯한 태도를 취한다. 그러나 성경이 가르치는 바에 의하면, 하나님이 우리에게로 다가오시는 계시에 의존한 것이 기도다.

그러므로 하나님과의 사귐의 기도란, 그 계시의 말씀을 내면화하고 그 말씀과 하나 되고자 하는 과정에서 이루어진다. 하나님과의 사귐은 소위 임재라는 종교적 감정에 의존하는 것이 아니다. 그리스도인들이 사귀는 하나님은 유일신론적 하나님이 아니고, 삼위일체 되신 하나님을 말한다. 삼위일체 되시는 하나님은 예수님을 통해서 우리에게 계시되었고 오늘날 그리스도인들은 예수님으로 말미암아 하나님을 신뢰할 수 있게 되었다.

기도에서 우리가 할 수 있는 가장 기초는 삼위일체 하나님에 대한 완전한 신뢰다. 우리는 예수 그리스도 안에서 계시된 말씀을 통해 성부 하나님과 신뢰적 사건을 경험해왔고, 또 그 신뢰를 쌓아왔다. 이러한 신뢰에 기초한 기도라면 우리 자신의 종교적 경험에 의해서 평가될 수 없다. 그러한 감정에 대한 갈망은, 주님과의 더 깊은 사귐에 오히려 걸림돌이 될 수 있다. 그러므로 자기 자신을 완전히 내어 맡기는 기도, 그리고 성령님이 우리 자신을 끌어가시도록 내어 맡기는 기도가 바로 최상의 기도일 것이다. 다시 말하자면 기도가 우리의 일이 아니고 성령님의 일이라는 것을 실제적으로 인정하는 기도, 그것이 가장 바람직한 기도일 것이다.

본 책의 핵심 목적은, 영적 여정을 시작하는 사람들이 성령 안에서 사는 삶이 무엇인지를 발견하도록 도와주는 것이다. 다른 여행과 마찬가지로, 이 영적 여정을 떠나면서 우리는 여행을 보다 용이하고 편안하게 하기 위한 몇몇 조치들이 필요하다. 우리 어깨를 무겁게 하고 여행의 즐거움을 빼앗는 짐들이 있다면, 그것을 가볍게 하거나 내려놓을 필요가 있다. 이 책에서 제시하는 향심기도 훈련과 렉시오 디비나 훈련들은, 이 영적 여정을 보다 용이하게 하도록 돕는 것들이다. 이 책은 이론적, 실천적으로 이 훈련들을 실행하도록 도와주고자 한다.

향심기도는 우리의 주관적 체험이나 감정보다는 철저히 하나님을 신뢰하는 기도이다. 우리는 이 기도를 하는 동안 무슨 일이 일어나고 있는지를 가늠할 수도 없고, 가늠하려 할 필요도 없다. 그저 삼위일체 하나님에 대한 끝없는 신뢰와 그분을 향한 갈망과 지향만 있을 뿐이다. 그러한 과정 속에서 갖가지 내적 움직임이나 감정, 무의식 속에 감추어졌던 생각들이 떠오르게 되는데, 그것은 내적 정화의 과정으로 받아들여야 한다. 의도하지 않았던 생각들이나 감정들이 기도 중에 의식의 수면 위로 떠오를 때, 성령 하나님이 정화하시는 과정으로 받아들이면 된다. 그러한 것들을 숙고하거나 붙들지 말고 자연스럽게 흘려보내도록 한다. 그러면서 우리는 점점 정화된 영혼으로 주님께 가까이 다가가게 된다.

렉시오 디비나는 말씀으로부터 기도가 솟아나도록 하는 방법이다. 그 말씀이 우리의 기도를 통제하고 이끌어가도록 한다. 이 기도 역시 하나님에 대한 철저한 신뢰를 바탕으로 하는데, 여기서의 신뢰는 들리는 말씀에 대한 신뢰다. 그 말씀에 대해 정직하게 반응함으로써 주님과 소통하는 기도가 시작된다. 이 책에서는 종종 이 두 가지 기도를 함께 훈련하도록 안내할 것이다. 물론 이 두 가지 기도는 각각 독립적으로 완전한 기도인데 함께 훈련하도록 하는 것은 하나님을 향한 신뢰를 더욱 강하게 해주기 위해서다. 향심기도는 보이지도 않고 들리지도 않는 하나님을 향한 끝없는 신뢰를 요구하고 있기에, 기도자는 때때로 그 신뢰에 대해 회의가 일어나는 것을 경험한다. 이때에 렉시오 디비나가 신뢰의 끈을 놓치지 않도록 도와주는 역할을 한다.

이 책은 11장으로 구성돼 있다. 1장은 우리의 삶 안에 계시는 하나님과 우리가 성장하면서 깨닫는 하나님에 대한 이해가 무엇인지를 다룬다.

2장은 일상적 삶 속에서 우리와 하나님과의 관계에 가장 기본이 되는 것이 무엇인지를 다룬다. 이 장은 여러 종류의 기도를 소개하면서 점차적으로 향심기도를 이해하도록 길을 열어 갈 것이다.

3장은 향심기도 방법들을 자세히 설명한다. 4장은 향심기도에서 가장 중요한 부분인 여러 생각들과 거룩한 단어들에 대해 다룬다. 또한 향심기도 훈련을 하는 동안 직면하게 될 많은 의문들에 답을 제시한다. 즉 훈련에 있어서 더 미묘한 부분들을 이해하도록 돕는다. 5장은 렉시오 디비나로 알려진 전통적인 성경 읽기 방법을 소개한다. 이 책의 중심부를 차지하고 있는 4-5장의 훈련들은 앞으로 반복해서 다루게 된다.

6-7장은 향심기도와 렉시오 디비나 훈련을 통해 얻게 될 성령의 열매들, 그리고 하나님과 우리의 관계에 초점을 맞춘다. 이 두 장은 기도 훈련의 결과로서 우리 안에서, 다른 사람들 안에서 그리고 일상생활 속에서 얻게 될 열매들을 보여준다.

8-10장에서는 세 가지 기도 훈련을 제시한다. 적극적 기도(Active Prayer), 환대의 기도(the Welcoming Prayer), 용서의 기도(Prayer of

Forgiveness)가 그것이다. 이 기도들은 우리가 일상생활 속에서 하나님의 임재를 더 쉽게 맛보도록 안내한다. 11장은 복습과 요약이다. 이 책을 통하여 영적 여정 중에 충만한 빛과 열매를 맛보기를 기원한다.

기도는 경외감을 가지고
그분에게 귀를 기울이는
마음의 자세로부터 출발한다.

1장

우리 삶 안에 계시는
하나님

　　　“우리가 사랑함은 그가 먼저 우리를 사랑하셨음이라”(요일 4:19). 이 강력한 말씀을 들으면서 우리는 ‘그 사랑에 어떻게 반응할 수 있을까? 그 사랑에 도달할 수는 있을까?’라는 의문을 가지게 된다. 사실 우리는 오래전부터 그 사랑에 노출돼왔다. 부모님, 교회 그리고 주일학교 등을 통해서 말이다. 그럼에도 불구하고, 과연 우리는 그것을 믿고 있는가?

　만약 믿지 않는다면, 그 이유들은 이렇다. 이 선언을 믿기 위해서는 우리가 하나님을 신뢰해야 한다. 그런데 어린 시절에 받은 교육이나 종교적인 가르침, 부모님, 그리고 환경들이 우리로 하여금 신뢰하는 것을 어렵게 만들어왔다. 즉 우리가 배워온 삶의 방식들이 원인이다. 이 방식들에는 다음과 같은 사상들이 자리 잡고 있다.

- 하나님은 우리와 떨어져서 다른 곳에 계신다. 그분은 우리와 함께 계시지 않고, '저 멀리 다른 어떤 곳'에 계신다.
- 외적인 활동이 내적 활동보다 중요하다. 그래서 다른 사람에게 보이기 위한 활동이 더욱 중요하게 느껴진다. 보이기 위한 거룩한 이미지들을 만들어낸다. 그래서 우리는 외적으로 드러나는 그리스도인, 즉 확신도 없으면서 그리스도인들은 그렇게 보여야 한다고 생각하는 행동들을 한다.
- 우리가 좋은 일을 하면 하나님은 우리에게 보상해주실 것이고, 그리고 천국에 갈 수도 있다. 하나님은 매일 우리를 평가하신다. 우리는 감시하시는 하나님을 믿는다. 그래서 우리는 그분을 기쁘게 해드려야 한다. 그렇지 않으면 천국에 들어간다는 확신도 없다.
- 우리가 가진 확실한 믿음은 미래에 있을 보상과 행복에 연결되어 있다. 우리가 원하는 것은 천국에서 누릴 행복한 삶이지, 여기 이 곳에서 얻는 보상은 깨닫지 못한다.

게다가 하나님이 우리에 대해서 화가 나 있다고 믿을 수도 있다. 혹은 우리를 둘러싸고 일어나는 일들에 대해서 하나님은 관심이 없으시다고 믿을 수도 있다. 우리는 얼굴과 얼굴을 맞대는 식으로 그분을 본 적이 없으며, 그래서 죽을 때도 우리는 그저 홀로 죽을 뿐이다. 누가 다음과 같은 질문들에 대해서 답할 수 있겠는가?

9.11 테러 때 하나님은 어디에 계셨는가? 베트남 전쟁, 이라크 전쟁, 아프리카 내전 때 하나님은 어디에 계셨는가? 아이들이 에이즈(후천성면역결핍증)로 죽어갈 때 하나님은 어디에 계셨는가? 나는 무죄임에도 억울한 누명으로 인해 인생이 파탄나고 있었을 때 하나님은 어디에 계셨는가? 내가 자라면서 학대당하고 있었을 때 하나님은 어디에 계셨는가? 내가 거리를 헤매며 살아남기 위해 도둑질을 할 때 하나님은 어디에 계셨는가?

그 답은 단순하다. 그분은 항상 그 곳에 계셨다. 진짜 그런가? 그것이 사실인지 증명해보자. 성경은 우리가 하나님의 형상과 모양대로 만들어졌다고 말한다. 아주 처음부터 하나님은 우리의 영혼 안에 그분의 형상을 두셨다. 우리가 누군가를 사랑할 때 우리는 그와 같이 되기를 원하지 않는가? 아니면 그를 우리의 일부로 받아들여서 우리의 한 부분으로 만들지 않는

가? 하나님도 마찬가지이다. 그분은 우리를 너무 사랑하셔서
우리의 일부가 되셨다. 예수님은 우리를 구원하기 위해서만
이 땅에 오신 것이 아니다. 하나님이 인간이 되는 것이 무엇인
지 경험하고자 하셨기 때문에 이 땅에 오셨다. 하나님은 계속
해서 우리를 통해 그것이 무엇인지를 경험하고 계시다.

우리가 우리 자신에 대해서 더 알기를 원할 때, 그때 우리는
영적 여정에 있다고 말할 수 있다. 우리가 하나님에 대해서 부
정적인 태도를 가지고 있거나 왜곡된 전통 신앙의 지식을 가
지고 있다면, 좋은 영적 여정을 시작하기가 어렵다.

성경적 모델

우리의 내적 동기(내적 욕구)가 외적인 행동들보다 더 중요하다.
하나님은 당신의 마음이 어디에 있는지 알기 원하신다. 당신
의 마음이 적합한 곳에 위치해 있다면, 외적 행동이 자연스러
워진다.

하나님은 '저기 어딘가'에 존재하는 것과 마찬가지로 우리
각자 안에 존재하신다.

하나님은 우리 안에 살아 계시고, 우리는 그 사실을 변화시

킬 수 없다. 우리가 내면으로 영적 여행을 할 때 우리는 하나님을 만난다.

굳건한 믿음은, 지금 여기에서 하나님을 사랑하고 다른 사람들을 섬기려고 노력하는 것이다. 그런데 그것은 천국에서 보상받고자 하는 기대 때문이 아니다.

누군가로부터 사랑의 혜택을 입었다면, 우리는 그 대가로 다른 사람들을 사랑해야 한다. 우리는 오늘을 위해서 살아야 하고, 오늘 하나님을 사랑해야 한다.

우리가 무슨 일을 하든지 하나님은 우리를 사랑하신다. 그는 우리를 매일 심판하시지 않는다. 우리가 하나님의 사랑을 '벌'(earn) 수는 없다.

하나님은 우리를 사랑하신다. 응답의 행위로 하나님을 사랑함으로써 우리는 평화를 맛본다. 하나님은 우리를 심판의 자리로 넘기기 위해 여기 계시는 것이 아니다.

신실한 그리스도인은 당면한 문제들을 처리해주시기를 기대하면서 하나님을 조종하는 식으로 성경을 읽지 않는다. 복음으로 사는 사람이다.

경외함으로 하나님을 대하라. 하나님은 우리가 하나님의 세계에서 살기를 원하시고, 신실하고 정직하게 그분과 대면하기를 원하신다.

영적 여정은 곧 '내면의 여정'이다. 우리가 정말 누구인지, 우리를 성가시게 하는 것들이 무엇인지, 우리의 느낌들과 두려움, 우리를 끌고 가는 힘들이 무엇인지 알기 위해서 우리 자신에게로 깊이 들어가는 일은 어려운 작업이다. 왜냐하면 정말 우리가 무엇인가를 찾아낼 수 있을지에 대한 확신도 없고, 우리가 발견한 것이 무엇인지 알기도 쉽지 않기 때문이다. 하나님이 있는 그대로의 우리 모습을 사랑하실 것인지에 대한 확신도 없기 때문이다. 또 우리는 우리가 발견한 것들에 어떻게 대처해야 하는지도 알지 못하기 때문이다.

이러한 이유 때문에 대부분의 사람들은 영적 여정을 시도조차 하지 않는다. 내가 무엇을 시도하든지 그것의 성공 여부가 나 자신한테 달린 문제라면 어떻게 할 것인가? 그렇다면 그러한 삶을 완수하기 위해서 우리는 얼마나 노력하고 변화되어야 하는가? 그런데 만약 내 몸과 마음이 그렇게 민첩하지 못하다면 어떻게 할까? 나는 어떻게 출발할 수 있을까? 포기하거나, 나의 상처를 곱씹거나, 그 밖의 어떤 것에 관심을 돌리기가 쉽다. 왜 이렇게 될까? 아마도 내면 안으로 들어가자마자 하나님을 직면하게 될지도 모른다는 내면의 움직임을 알고 있기 때문일 것이다. 그리고 다음과 같은 두려움과 부끄러움이 교차적으로 일어나는 것을 경험하게 된다.

'그동안 내 삶에서 저질러왔던 내 행위들을 정결하게 하기 전까지 하나님은 나에게 신경쓰고 싶어 하시지 않는다. 그러면 내 시도가 무슨 소용이 있겠는가?'

만약 우리가 완전해지지 않으면 하나님은 우리와 어떤 관계도 맺기 원하시지 않는다고 믿을 수도 있다. 그렇다면 우리는 불행하게도 큰 실수를 하는 것이고, 그것은 완전히 잘못된 생각이다. 누구도, 이 세상의 무엇도, 또 우리가 무슨 일을 한다 해도, 심지어는 죽음조차도 완전히 지워버릴 수 없는 선한 무엇이 우리 안에 있다. 믿거나 말거나, 죽음 저 너머에까지 그것은 우리 자신의 한 부분으로 남아 있다. 이 땅에서 우리가 할 일은 우리가 선하다는 것을 믿고, 다른 사람 안에 있는 선을 목격함으로써, 우리 안에 있는 선함을 인정하는 것이다.

예수님은 의인들을 위해서 오신 분이 아니라, 죄인들과 가난한 자들을 위해서 오셨다는 사실을 기억해야 한다. 우리는 여러 측면에서 가난할 수 있다. 환경이나 교육적인 측면에서, 가족이나 친구와의 단절로 인해서, 내적인 공허함으로 인해서, 그리고 일상적 선함에 대한 기대가 무너졌을 때 오는 좌절로 인해서 가난해질 수 있다. 우리는 늘 우리의 행동에 대하여 책임져야 할 존재라고 여기지만, 예수님은 우리가 겪어온 가족과의 관계, 학대받던 어린 시절, 어떻게 생존해야 할지 모르는 두려움, 그리고 근본적으로 자기 자신을 선하게 보지 못하고 가치 있게 받아들이지도 못하는 우리의 현실을 잘 알고 계신다.

예수님은 판단하시지 않는다. 그분은 그저 사랑하실 뿐이다. 우리를 바라보실 때 그분이 보는 것은 우리 안에 내재하고 있는 선함뿐이다. 그 외 나머지는 쓰레기처럼 저 멀리 던져버리신다.

우리의 문제는 사랑을 받아들이지 못한다는 것이다. 무조건적인 사랑을 그대로 받아들일 수 없다는 것이 문제다. 우리는 그 사랑을 어떻게 할 줄 모른다. 그 사랑이 우리에게 무엇인가를 요구하고 있다고 생각하기 때문에, 압도당하고 심지어는 두려움을 느낀다.

그러나 핵심은, 무조건적인 사랑은 우리에게 결코 아무것도 요구하지 않는다는 것이다. 무조건적인 사랑은 그저 사랑할 뿐이다. 예수님처럼, 성부 하나님도 우리를 보실 때 우리 안에 숨겨두고 묻어놓은 그것이 무엇이든지 상관없이 오직 선한 그 부분만 보신다. 우리는 그것을 보지 못하고, 보려 하지도 않는다. 성부 하나님은 선한 것 외에 아무것도 보시지 않는다.

예수님이 성부 하나님께 드린 기도를 기억하라.

"아버지여, 아버지께서 내 안에 내가 아버지 안에 있는 것같이, 그들도 다 우리 안에서 하나가 되어, 아버지께서 세상으로 나를 보내신 것을 믿게 하소서. 아버지께서 내게 주신 영광을 내가 그들에게 주었으니, 이는 우리가 하나가 된 것같이 그들도 하나가 되게 하소서. 곧 내가 그들 안에 있고, 아버지께서 내 안에 계시어, 그들이 온전히 하나가 되게 하려 함은 아버지께서 나를 보내신 것과 또 나를 사랑하심같이, 내가 그들도 사랑한 것을 세상이 알게 하소서"(요 17:21-23, 저자 사역).

"아버지가 나를 사랑한 그 사랑이 그들 안에 있고, 그래서 나도 그들 안에 있기를 기도합니다"(요 17:26, 저자 사역).

예수님은 저 우주 밖에서 피조물을 위하여 기도하시는 것이 아니다. 그분은 우리를 위하여 기도하고 계신다. 우리는 하나님과 결코 떨어져 있지 않다. 우리가 그렇다고 생각할 뿐이다. 그분은 달과 별들을 움직이시는 바로 그 사랑으로 우리 존재의 바탕이 되신다. 그러면 달과 별들과 달리 하나님의 형상대로 지은 바 된 우리를 얼마나 더 사랑하시겠는가? 그분이 묻는 모든 질문은 우리가 믿는가이다. 그 이유가 무엇이든지 우리가 여전히 믿을 수 없다면, 우리는 믿는 체할 수 있고, 그 다음에 일어나는 것들을 보는 체할 수 있다.

오래 전에 동방에서 온 한 지혜자가 이런 글을 썼다.

"나는 하나님을 기억하고, 그분을 사랑하고, 그분을 찾는 나 자신에 대해서 관심을 기울였다. 내가 삶의 마지막에 이르렀을 때에, 내가 그분을 기억하기 훨씬 오래 전에 나를 기억하고 있었고, 내가 그분을 알기 오래 전에 나를 알고 있었으며, 나를 향한 그분의 사랑은 내가 그분을 사랑하기 전에 존재했고, 내가 그분을 찾기 전에 이미 그분이 나를 찾았다는 것을 알게 되었다."

예수님과의 만남 (명상 안내)

먼저 눈을 감고, 긴장을 풀고, 편안한 자세로 앉는다. 매번 숨을 쉴 때마다 성령의 임재를 느낀다. 그리고 세상에 빛과 평화를 내보낸다. 몇 분 동안 이 상태로 있다가 잠시 편안하게 쉰다.

　이제, 당신이 록키산 위에 앉아 있다고 상상한다. 날은 따뜻하지만 서늘한 바람이 불어오고 있다. 당신은 저 멀리 눈 덮인 산들을 볼 수 있다. 아래에는 노랑색, 흰색, 푸른색, 분홍색으로 물든 들꽃들이 만발한 언덕이 보인다. 그 꽃들 위로 바람이 스쳐 지나갈 때, 그 꽃들은 태양을 향해 인사를 하는 것처럼 보인다. 당신 바로 앞에 있는 단단하고 큰 바위 표면을 바라본다. 갑자기 어떤 그림자가 그 위를 지나간다. 당신은 움찔 놀라며, 일어날 수도 있는 어떤 일에 대하여 방어할 준비를 하면서 재빨리 돌아본다.

당신은 필요하다면 싸울 준비를 한다. 그런데 돌아보았을 때, 입가에 웃음을 머금고, 전혀 방어적이거나 공격할 것처럼 보이지 않는 한 사람이 있다.

"아주 멋진 풍경이지요?"라고 그가 말한다.

정확히 알아차리지는 못하겠지만, 이 사람에게 무엇인가가 있다. 이상한 그 어떤 것. 그렇지만 일단 "네에-"라고 대답해 본다.

"나는 몇 년 전에 이와 같은 바위 위에 무릎 꿇고 있었을 때를 기억합니다. 그때 바위들은 정원 안에 있었습니다."

"무엇인가 심고 있었나요?"

사실 당신은 이 낯선 사람에게 어떻게 반응해야 할지 모른다.

"아니요, 나는 사실 기도하고 있었습니다. 나에게 절실한 시간이었습니다."

그 다음에는 무슨 말을 해야 할까? 무엇이든 한번 시도해보는 편이 좋다.

"무엇을 위하여 기도하고 있었습니까?"

"벌써 오래 전에 떠난 일이지만, 그래도 언젠가는 떠올려야 하는 그것을 위해서"라고 그는 대답한다.

"아, 그래요. 이전에 일어났었던 어떤 일에 대해 듣고 있는 듯합니다. 아주 오래 전 내가 어린 아이였을 때의 일, 또는 내가 기억할 수도 없는 때의 일말입니다."

"아마도 교회 안에서 읽었거나, 들었겠지요."

"교회에서라고요? 농담하시나요? 나는 어디에서도 그런 것들을 읽지 못했습니다."

그런데 그 다음 당신 안에서 무엇인가, 즉 어떤 이미지, 단어, 오래 전에 있었던 일들, 사람, 기적들, 설교, 사랑하는 일, 고통 등등이 떠오른다.

"아니, 내가 지금 무슨 생각을 하고 있는 건지… 나는 상상하고 있어요… 그래야만 될 것 같은… 제정신이 아닌가 봐요. 그분은 분명히 나와 같은 사람에게 말을 걸지 않을 것입니다. 너 자신을 알라고 하면서 말입니다."

그런데 그가 당신에게 돌아서서 이렇게 말한다.

"당신이 보는 것과 생각하고 있는 것을 신뢰하기를 왜 그렇게 어려워합니까?"

"나도 모르겠습니다. 하나님은 그저 하나님이실 뿐이지, 이런 문제들을 해결해주시기 위해서 나와 같은 사람들이나 그밖에 다른 사람들에게 말 걸면서 돌아다니시는 그런 분이 아니지요."

"그래요? 아니에요. 하나님은 늘 그렇게 하십니다. 그렇지만 하나님은 보이지도 인식되지도 않습니다. 그들이 하나님의 이미지대로 만들어졌고, 무조건적으로 사랑받는 존재라는 사실을 확신시키기 위해 그분이 아무리 노력해도, 이 불쌍한 백성은 너무나 낮은 자아상 때문에 그것을 받아들이지 못하지요. 자아에 대한 빈약한 이미지 때문에, 아무리 두려운 상황 속에서도 하나님이 그들의 생각과 상황 가운데 계시다는 것을 신뢰하지 못합니다. 사실 하나님은 가장 최악의 상황 안에 분명히 임재하십니다. 하나님이 원하시는 것은 단 하나, 그들이 하나님의 사랑을 받아들이는 것입니다. 그것이 전부입니다. 이러한 일이 일어날 때 그 밖에 모든 것은 제자리를 찾아가게 됩니다."

"아주 단순하게 들리네요."

"하나님이 단순하시기 때문에 그렇게 들리는 것입니다."

"글쎄요. 지금 당신이 말하고 있는 그 모든 것을 내가 받아들인다면, 그 다음에는 무엇을 하지요?"

"그 다음에는 그냥 편안하게 당신 자신이 되어보세요. 그리고 하나님께 말을 걸어보세요. 당신을 위해서 그것은 매우 중요합니다. 기도는 우리가 해야 할 일 중에 가장 중요한 일입니다. 당신이 하나님과 어떻게 소통할 수 있을까요? 당신은 어떻게 하나님께 귀 기울이나요? 다른 사람들로 인해서, 혹은 어떤 것을 읽은 결과로서 무엇인가가 당신에게 다가온다 해도, 당신은 귀를 기울일 수 있습니다. 왜냐하면 당신은 먼저 기도에 귀를 기울였기 때문이죠. 지금 내가 말하고 있는 것을 이해합니까?"

"네, 그렇다고 생각합니다."

"그러면 당신이 어떻게 느끼고 있는지 나에게 말해주시겠습니까?"

▼ 질문

예수님께 어떻게 반응하고 싶은가?

(무엇이든지 받아들일 수 있다. 사랑, 분노, 두려움, 적대감 등등)

▼ 과제

다음 시간 전에 2장의 내용을 읽어온다.

2장

관계로서의
기도

　　　　　　　　　　　관계들! 관계들! 관계들! 우리
모두는 관계들을 잘 알고 있고, 좋아하고, 두려워한다. 인간으로
살아가는 동안, 관계 없이는 거의 아무것도 할 수 없다. 우리는
가족, 친구들과 관계를 맺어왔고, 또 그 관계들을 경험해왔다.
　하나님과도 마찬가지이다. 받아들이기 어려운 말인가? 하
나님은 진실로 우리와의 관계를 필요로 하시는가? 우리는 보
통 하나님은 그저 하나님일 뿐이라고 생각한다. 그분은 항상
자신 스스로 충분하신 분이며 누구도, 무엇도 필요하시지 않
다고 생각한다. 그러나 그렇지 않을 수도 있다. 그것은 하나님
을 바라보는 하나의 관점일 뿐이다. 우리가 예수님을 통해서

알고 있는 하나님은 예수님과 관계를 맺었던 그 사람들처럼 우리와 관계 맺기를 원하신다. 불가능한 것처럼 보이는가? 그것은 너무 엄청난 일이기에 진실처럼 들리지 않을 수도 있다. 그러나 성경에 있는 예수님의 말씀을 보면, 하나님은 우리를 무조건적으로 사랑하신다고 한다. 그러니 그것에 귀를 기울여 보자. 우리는 말할 것도 없거니와 하나님도 누군가를 무조건적으로 사랑하신다면 그들과 관계 맺기를 원하신다. 그렇지 않다면 사랑한다는 말이 무슨 의미가 있겠는가? 그것은 인간이 되어가는 한 과정에서 일어나는 일들이다.

기도와 사랑의 연관성

기도는 이러한 사랑의 관계로부터 시작된다. 기도가 무엇인가? 기도는 하나님과 사랑하는 것, 그 이상도 이하도 아니다. 기도의 여러 종류들 중에 중보기도(Intercessary Prayer)가 있다. 우리가 주로 드리는 기도, 기도에 대하여 생각하는 것이 여기에 해당된다. 우리는 우리가 필요한 것을 간구하거나, 주변의 상황을 바꾸어달라고 하거나, 다른 사람들에게 영향을 미치도록 해달라고 구한다. 우리는 어릴 때부터 이런 기도를 해왔고, 앞으로도 계속해서 그렇게 할 것이다.

그 다음에 음성기도(Vocal Prayers)가 있다. 어린 시절에 교회에서 들었거나 성경으로부터 배운 기도이다. 큰 소리를 내어 하나님을 찬양하고 하나님께 감사하는 기도라고 우리는 이해하고 있다. 이 기도를 할 때 우리는 다른 사람들에 의해서 이미 만들어진 기도 언어들을 사용한다.

그리고 반추기도(Reflective Prayer)가 있는데, 이것은 우리가 성경에서 읽었거나 설교에서 들은 것 등을 생각하면서 그것에 관하여 기도하는 것이다.

또 반응기도(Responsive Prayer)가 있다. 이것은 감사와 경이로움으로 인해서 우리 자신을 하나님께 열어놓고, 순전한 기쁨의 감동으로 드리는 기도이다.

마지막으로 관상기도(Contemplative Prayer)가 있다. 이 기도는 하나님으로부터 부여받은 순전한 선물이다. 이 기도는 많은 말들이나 생각들, 이미지들, 느낌들을 담지 않는다. 단순히 하나님 안에서 쉬는 것이다. 하나님의 임재와 신비 안에 우리 전 존재를 맡기는 기도이다. 이 기도는 우리에게 침묵이라는 선물을 준다. 그것은 하나님만이 주시는 평화에 이르는 그 길목에 우리를 머물게 한다. 오래전 한 성인은 이 기도를 "사랑으로 물들여진 심오한 하나님의 지식"이라고 묘사했다. 이 기도를 통해서 우리는 극한적인 혼돈의 상황에서도 침묵과 평화 가운데 하나님과 함께할 수 있는 기회를 얻는다. 다음 장에서 관상기도가 과연 무엇인지, 그 관상기도가 우리의 현재 상황과 어떻게 관련되는지를 보다 자세하게 설명할 것이다.

우리가 항상 기억할 것은 우리의 욕구, 혹은 연모 심지어는 하나님에 대한 호기심 또한 하나님이 우리에게 주시는 선물이라는 것이다. "우리가 사랑함은 그가 먼저 우리를 사랑하셨음이라"(요일 4:19).

기독교의 관상적 전통

기독교 전통에서 관상기도는 하나님의 순전한 선물로 간주돼 왔다. 그것은 생각들과 말들과 감정들을 뛰어넘어 궁극적 신비이신 하나님께 우리의 지성과 마음과 전 존재를 열어놓는 것이다. 단순히 하나님의 임재 안에서 쉬는 것이다. 우리 마음속 혼돈을 뛰어넘어 하나님의 침묵과 평화 안으로 여행하는 것이다.

기독교 관상의 전통은 6세기 말 대 그레고리에 의해서 정리되었다. 그는 관상을 "사랑으로 잉태된 심오한 하나님의 지식"이라고 했다. 그레고리에게 있어서 관상은, 성경 안에 있는 하나님의 말씀을 반추하면서 얻어지는 열매이며 보석 같은 하나님의 선물이었다. 그는 관상을 "하나님 안에서 쉬는 것"이라고 했다.

이러한 쉼 안에서 우리의 지성과 마음은, 하나님을 찾기보다는 이제까지 찾고 있었던 것을 경험하고 맛보기 시작한다. 이 상태가 모든 활동의 멈춤 상태를 말하는 것은 아니다. 단지 많은 활동들이 줄어들고 하나님의 임재와 내적인 하나님의 활동에 단순하게 순응하면서, 그 단순한 움직임에 대해 반추하는 것이다. 최종적으로 우리의 움직임은 느려지고, 단순히 하나님을 그 곳에 계시도록 할 뿐이다. 우리는 하나님께 기회를 드려야 한다. 그는 문을 발로 차고 우리에게 들어오시지 않는다. 하나님은 그런 분이 아니시다. 우리는 그를 신뢰해야 한다. 이전에는 그렇게 하지 않았을지라도 말이다. 우리의 신뢰와 믿음으로부터, 그리고 하나님의 선하심에 대한 우리의 인정으로부터 우리가 그렇게 바라는 평화가 찾아온다. 그래서 우리는 최종적으로 하나님께 기회를 드려야 하며, 사랑하는 하나님으로 그분을 받아들여야 한다.

예수님이 사용하셨던 아람어 '셀라'(shela)는 기도를 뜻하는 단어인데, 그것은 '귀를 기울이기 위해서 자기 자신을 개방하다' 혹은 '하나님의 임재에 자기 자신을 열어놓는다'라는 의미이다. 기도는 반드시 어떤 말을 해야 하거나 무엇인가를 구하는 것이 아니다. '셀라'는 오늘 우리가 '관상'이라고 부르는 것과 같은 가치를 지닌 말이다.

성경이나 예수님이 보여주신 본보기대로 하나님의 말씀은 기독교 관상의 원천이다. 초기 믿음의 작가들은 종종 관상적 관점에서 성경을 설명한다. 지혜와 이해의 은사를 통하여 사람들의 믿음은 더욱 강해지고 더욱 깊은 믿음의 실존을 감지하게 된다. 꾸준한 기도의 실천과 관상적 믿음으로 자라가면서, 성령의 은사들이 각 사람의 삶의 실존 안으로 깊이 스며든다는 것을 믿게 된다.

하나님을 향한 태도

우리가 기도 생활을 고찰해보고 하나님과 기도의 관계에 대한 여러 설명들을 살펴보면, 하나님을 향한 우리의 태도가 어떠한지를 이해하는 것이 가장 중요하다. 우리의 태도는 사실 우리가 어린 시절부터 발전시켜온 것이다. 그것은 하나님에 대한 엄격하고 두려운 태도일 수도, 사랑 많으신 하나님에 대한 신뢰일 수도 있다. 영적 여정, 즉 하나님과 기도 생활을 향한 여정에서, 우리가 만약 하나님에 대해 부정적인 태도를 가지고 있다면 좋은 출발을 기대하기는 매우 어렵다. 우리는 사랑이 많으신 하나님에 대한 신뢰가 필요하다.

관계로서의 기도

잠시 만난 어떤 사람과 교제하고자 하는데 마음이 썩 내키지 않는 경험을 해본 적이 있는가? 잠시 동안 그 사람과의 교제가 어떻게 될지 생각해보라. 당신과 가까이 지내면서 관계를 계속 유지하거나 발전시키고자 하는 사람을 알고 있는가? 잠시 동안 그 교제가 어떻게 될지 생각해보라.

위에서 언급한 두 종류의 교제에서 우리는 각각의 독특한 차이점을 발견할 수 있다. 그것에 대해서, 그리고 각 상황 속에서 어떻게 달리 교제할 수 있는지 생각해보라. 우리가 어떻게 교제할지는 우리의 관계적 깊이에 달려 있다. 그것은 하나님과 기도, 즉 하나님과의 교제 방식과 같다.

관계에서의 단계들
위에서 말한 것이 사실이라면 모든 관계는 친밀감이 자라는 과정을 통해서 성숙해간다. 우리는 '아는 사이'(acquaintanceship)에서 '호의적 관계'(friendliness)로, '우정'(friendship)에서 '친밀감'(intimacy)으로 나아간다. 그것은 그리스도와의 관계도 마찬가지다. 아래 관점들을 따라가는 동안 우리는 이런 문제를 보다 분명하게 볼 수 있을 것이다.

사람과의 관계	기도에서 표현되는 그리스도와의 관계
아는 사이 · 정보 제공 차원의 교제 · 형식적이고 어색함	**음성기도** 그리스도와 접촉하기 위해서 마음을 연다. 예를 들면, 식사 전이나 교회 가기 전이나 교회학교 시작 전에 은혜를 구한다. 하나님과의 어떠한 연결도 '아는 사이' 단계에서 시작된다.
호의적 관계 · 대화적 · 비공식적이고 편안함	**반추기도** 하나님이 우리에게 말씀하시도록, 우리의 삶에 영향을 미치시도록, 우리의 기능과 에너지에 개입하시도록 우리 자신을 연다. 예를 들면, 자연에서 하나님 경험하기, 기도를 위해 성경 읽기 등을 한다.

우정	반응기도
· 헌신 · 자기 자신을 드러냄 · 자발성과 자유 · 확신과 감사 · 공유된 기쁨과 고통	우리의 마음과 느낌과 감정들을 완전히 그리스도께 개방한다. 예를 들면, 자발적인 기도를 소리내어 또는 침묵으로 자주 한다.
친밀함	**관상기도**
· 내어줌 · 일체감 경험하기 · 충실한 관계 맺기 · 요구 없이 함께 있기 · 무엇이든 말하고 행동할 수 있음.	우리는 하나님의 평화를 경험하기 시작한다. 생각과 말과 감정을 뛰어넘어 하나님의 임재 앞에 노출되는 은혜를 경험한다. 예를 들면, 지속적인 기도를 통해서 모든 사람 안에 깃들어 있는 하나님의 임재를 인식하게 된다.

표에서 보듯이 모든 인간관계에서와 마찬가지로 하나님과의 관계에서도 중복적으로 일어나는 일들이 있다. 이런 반복적인 과정을 통해서 우리는 최종 목표점인 향심기도, 즉 관상기도에 이르게 된다. 향심기도는 관상이라는 은혜를 받기 위해서 우리를 준비시키는 하나의 방법이다. 아니 방법일 뿐만 아니라, 그것은 하나님을 향한 보다 깊은 친밀감으로 인도해주는 하나님과의 관계적 기도이기도 하다.

하나님과의 점차적인 친밀감 향상에 대하여

"우리가 하나님과 분리되는 중요한 이유는 우리가 그분으로부터 분리되었다는 생각 때문이다. 우리가 이러한 생각을 제거한다면, 그러한 문제는 현저하게 줄어들게 될 것이다. 우리는 하나님과 항상 함께 하고 있으며 하나님이 모든 실존의 한 부분이라는 사실을 믿지 못한다. 이 순간 우리가 보는 모든 것, 즉 우리 내면의 깊은 실존은 하나님 안에 뿌리를 두고 있다. 그러나 개인적인 경험을 통하여 확신 있게 그 사실을 믿기 전에는 이러한 사실을 믿기를 주저한다. 하나님은 우리 안에서 뿐만 아니라, 각 사람들을 통하여 끊임없이 우리에게 말씀하신다. 내적인 하나님의 임재 경험은 사람들과 사건들과 자연 등 모든 것 안에서 하나님을 감지하는 능력을 활성화시킨다"(《마음을 열고 가슴을 열고》, 토마스 키팅, 가톨릭출판사, 저자 사역).

이 책을 반복해서 읽기를 권한다. 하나님이 당신의 내면에서 활동하시도록 하라. 두려워할 것은 아무것도 없다. 우리가 내면의 장애물들을 거둘 준비가 되어 있으면 내면 깊이에서 하나님과의 일치를 맛보게 될 것이다.

▼ 과제

2장에 주어진 매일의 과제들을 한다.

다음 단계를 위해 3장의 내용을 읽는다.

▼ 매일 실습 과제

첫째 날

1. 당신의 기도 실천에 대해서 설명해보라. 언제 기도하는
   가? 얼마나 자주 기도하는가? 어떤 종류의 기도를 가장
   자주 하는가?

2. 형식적 기도와 비형식적 기도 중에서 어느 것을 더 편하
   게 느끼는가?

둘째 날

어린 시절부터 기억하고 있는 하나님에 대한 다양한 이미
지들을 설명해보라. 이 중에서 어느 것이 오늘날까지 남아
있다고 생각하는가?

셋째 날

관상기도에 관련된 아래의 성경 구절들을 읽고 적어보라.

시 46:10

시 37:7

시 62:5

히 4:10

사 30:15

막 6:30

위의 말씀들에서 알 수 있는 관상의 특징들을 나열해보라.

넷째 날

1. 관계에 대한 앞 표에서 첫 세 가지 차원의 기도에 해당하
   는 기도의 예들을 제시해보라.
2. 당신은 어떤 차원의 기도에 가장 자주 머물러 있는가?

다섯째 날

《마음을 열고 가슴을 열고》에서 인용된 부분을 다시 읽어
보라. 이 인용문의 어떤 부분이 당신과 그리고 하나님과의
관계에 어떤 식으로 관련되어 있는가?

우리가 내면의 장애물들을
거둘 준비가 되어 있으면
내면 깊이에서 하나님과의 일치를
맛보게 될 것이다.

3장

향심기도
방법

앞장에서 우리는 관상기도와 관계로서의 기도의 개념들을 소개했다. 이 장에서는 오늘날 향심기도로 알려진 기도의 형태를 소개하기 위해 계속해서 기도에 관해 논의할 것이다. 향심기도는 어디에서 비롯된 것인가? 이 물음에 대한 답을 예수님의 말씀에서 찾을 수 있다. "너는 기도할 때에 네 골방에 들어가 문을 닫고 은밀한 중에 계신 네 아버지께 기도하라 은밀한 중에 보시는 네 아버지께서 갚으시리라"(마 6:6).

이것이 향심기도로 들어갈 때에 우리가 해야 할 일이다. 우리 자신 안(내면의 방)으로 들어가서 문을 닫고(우리의 생각들과 느낌,

감정, 이미지들로부터 떠난다), 우리 안에서 활동하고 계시는 그분께 나를 넘겨드림으로써 기도는 시작된다. 향심기도는 수세기 동안 기독교 전통 안에서 시행되어왔다. 사람들의 입에 오르내리지 않았을 뿐이다. 심지어 (향심기도를 통해 준비되어지는) 관상기도조차도 대부분의 그리스도인들에게 알려지지 않았고, 오늘도 여전히 잘 알려져 있지 않다.

왜 그럴까? 수많은 이유들이 있다. 가장 주된 이유는, 사람들이 관상기도를 할 때 일어나는 일이 무엇인지 이해하지 못했고 그래서 '마귀'나 귀신에 사로잡히게 하는 무엇인지도 모른다는 두려움이 있었다는 것이다. 때문에 그 기도는 격려받지 못했다. 적어도 음성기도를 할 때는 자신이 무슨 말을 하고 있는지 누구나 알지만, 관상기도는 보통 사람들은 몰랐다. 그러나 성인들은 경험을 통해서 그 안에서 무슨 일이 일어나는지 알고 있었다. 이러한 기도의 형태는 너무나 심오하고 거룩하기에 감히 악한 영이 끼어들 여지가 없다. 이 기도는 하나님만이 거하시는 우리 내면 깊은 곳까지 도달한다. 하나님 그분 자신 외에는 이 거룩한 장소에 아무도 접근할 수 없다.

많은 성인들과 신비가들, 그리고 예언자들은 관상기도 안으로 들어갔다. 왜냐하면 그들은 생각들과 이미지들을 뛰어넘는 그 곳에서 살아 계신 하나님을 경험할 수 있는 기도를 했기 때문이다. 이러한 사람들로부터 우리는 지식, 즉 우리를 사랑하시는 하나님에 대한 지식을 얻었다. 이처럼 하나님과의 깊은 친밀감을 발전시키기 위해서는 시간이 필요하다. 그러나 우리는 그렇게 하도록 격려받지 못하고 있다.

향심기도에 대한 하나의 정의

"향심기도는 우리의 마음 안에서 일어나는 생각들과 느낌들과 감정, 이미지들로부터 자유롭게 해준다. 우리를 우리 자신 안에 가두어버리는 이러한 것들은 우리를 하나님과 분리시킨다. 때때로 우리는 우리 마음에 통제할 수 없는 것처럼 보이는 생각들과 느낌들이 가득 차 있는 것을 경험한다. 우리 안에서 전쟁을 벌이는 감정들, 우리의 마음을 두들기고 있는 듯한 이미지들이 향심기도에서 마주치게 될 것들이다. 당신 중의 몇은 이미 술이나 약물을 통해서 이러한 생각들이나 이미지들이나 감정을 떠나보내려는 노력을 해왔을 것이다. 그러나 결국 다다른 목적지는 늘 더 악화된 상태였을 것이다.

향심기도는 우리의 마음을 잠잠케 하는 기회를 제공한다. 단번에 우리는 우리 자신을 지나 하나님의 임재로 들어가는 길을 얻게 된다. 당신이 알고 있는 것처럼, 우리가 지금까지 이야기한 것들 즉 생각과 느낌과 감정과 이미지들은 바로 하나님과 우리를 분리시키려는 것들이다. 하나님은 그분 자신을 우리와 결코 분리시키시지 않는다. 오히려 우리가 그분으로부터 우리 자신을 분리시킨다. 이러한 것들을 우리 자신 안에서 서서히 제거함으로써 우리는 하나님 임재로의 여행을 시작하게 된다. 이 기도는 훈련과 신뢰와 당신 자신에 대한 정직함을 포함하고 있다. 기억하라. 당신의 영적 여정은 하나님이 제공하시는 하나님의 임재와 평화로의 여정이다. 우리를 창조하신 하나님의 임재 안에서 평화를 누릴 기회가 우리에게 있는데 어떻게 그것을 거절할 수 있겠는가?"(조지프 워커, Joseph Walker, TDCJ)

하나님은 우리가 그분을 발견하기를 기대하시면서 언제나 우리 안에서 기다리고 계신다. 우리는 그분으로부터 떨어져 있다고 생각하기에, 스스로 우리 자신을 그분과 분리시킨다. 그러나 이것은 생각일 뿐이지, 결코 진실이 아니다. 만약 우리가 이런 생각을 저 창문 밖으로 집어던진다면, 우리의 문제는 끝날 것이다. 하나님은 우리 안에 확고하게 자리를 잡고 계시며, 우리 주위에 있는 모든 사람들의 마음 안에도 확고히 자리를 잡고 계시다. 심지어는 우리가 미워하고 멸시하는 사람들 안에도 계신다. 우리는 다른 사람들을 통해서 우리에게 말을 걸어오시는 하나님에게 귀를 기울일 수 있으며, 혹은 누군가의 친절한 몸짓 안에서, 혹은 갑작스럽게 일어나는 사건 속에서 그분을 보게 된다.

그런데 이것은 시간이 필요하다. 향심기도를 하는 동안, 우리에게 알려지지 않았던 성령님이 점차적으로 우리의 내면 깊은 곳에서 활동하시면서 우리를 변화시키신다. 그래서 우리는 우리 자신 안에서, 우리 삶에서 일어나는 사건들 안에서 그리고 다른 사람들 안에서 그리스도를 보게 된다. 그리고 어느 날 우리는 예수님이 다음의 말씀과 함께 다가오려고 하시는 것을 깨닫게 된다. "그 날에는 내가 아버지 안에, 너희가 내 안에, 내가 너희 안에 있는 것을 너희가 알리라"(요 14:20).

향심기도의 방법

이제 향심기도에 대해서 알아보자. 우리가 새로운 어떤 것을 배우고자 할 때, 우리는 그 과정과 실제를 이해할 필요가 있다. 향심기도에서도 마찬가지이다. 여기서 '방법'이라는 말을 사용하지만, 역시 기도이기 때문에 향심기도의 방법은 하나님과의 관계를 뜻하며 그 관계를 형성하도록 계획된 훈련이다. 이 기도를 실천하는 중에 우리는 결코 잘못되지 않는다. 이 기도가 잘못될 수 있는 유일한 길은 기도를 하지 않든지, 기도 중간에 기도에서 나가는 것이다.

향심기도에는 네 단계의 길잡이가 있다.

첫째, 거룩한 단어를 선택한다.

둘째, 눈을 감고 편안히 자리에 앉는다. 그리고 조용히 거룩한 단어를 떠올린다.

셋째, 생각이 끼어들면 그저 거룩한 단어로 돌아간다.

넷째, 기도를 마칠 즈음, 2-3분 동안 눈을 감은 채 침묵 가운데 머문다.

이 길잡이는 매우 간단하다. 그러나 이 길잡이들을 충분히 이해하자면, 아래의 설명들이 더 필요하다.

거룩한 단어를 선택하기

거룩한 단어는 우리 안에 계시는 하나님의 임재와 행동에 대한 우리의 의향과 동의의 표시이다. 의향이란 결혼 전에 하는 약혼에 비유되고, 동의는 결혼 그 자체에 비유되며 우리가 최종적으로 그렇게 하겠다는 것을 의미한다.

거룩한 단어를 선택하기 전 우리에게 적합한 단어를 선택할 수 있도록 성령님께 기도한다. 한두 음절의 단어를 선택하고 단순히 그것을 간직한다. 예를 들자면, 하나님, 예수님, 아빠, 아버지, 어머니, 마리아, 아멘, 사랑, 평화, 자비, 들으라, 침묵하라, 고요하라, 믿음, 신뢰, 예(Yes) 등이다. 다른 언어로 된 단어를 선택해도 좋다. 당신이 선택한 단어들이 연상 작용을 일으켜서 다른 생각들로 마음을 혼란케 하지 않는지를 살펴본다. 예를 들면, 어떤 사람이 '예수님'이라는 단어로 출발한다. 그러나 그가 '예수님'이라고 말할 때마다 그의 마음에 자동적으로 "예수 사랑하심은…"이라는 찬송이 흘러나오면, 그는 그러한 노래나 생각들이 떠오르지 않는 단어로 바꾸어 선택해야 한다.

단어를 선택하는 데 있어서 옳고 그름은 없다. 그 단어가 가진 의미나 우리에게 그렇게 인식되어 왔기 때문에 그 단어가 거룩한 것이 아니라, 우리 안에서 하나님의 임재에 대한 우리의 의향과 동의를 표하는 상징이 되기 때문이다. 만약 거룩한 단어를 변경하고자 한다면, 기도를 하는 동안에는 변경하면 안 된다. 왜냐하면 그것은 우리에게 다시 다른 생각을 일으키기 때문이다.

눈을 감고 편안하게 자리에 앉은 다음
천천히 거룩한 단어를 떠올리기

내적 침묵으로 들어가기에 가장 적합한 시간이나 순간들을 찾는다. 당신을 혼란케 하는 시끄러운 소리 등의 장애물이 없는지 주변 환경을 살핀다. 그래서 가장 적합한 장소와 가장 적합한 시간을 선택한다. 자리에 편안하게 앉는다는 것은, 의자든지, 마룻바닥이든지, 침대 위든지 상관없이 그저 편안히 앉는다는 것을 말한다. 할 수 있는 한 가장 편안한 자세를 취한다. 몸에 고통을 느낄 때는 하나님께 개방하기가 쉽지 않다. 왜냐하면 고통은 우리의 관심을 그곳으로 쏟도록 만들어서 하나님께 집중하는 것을 방해하기 때문이다. 머리를 아래로 떨구지 말고, 고개를 들고, 등을 꼿꼿하게 편다. 우리의 머리를 분주하게 하는 생각들과 이미지들과 소음과 기억들뿐만 아니라, 우리 주위의 모든 것들이 그냥 흘러가도록 눈을 감는다.

그리고 거룩한 단어들을 마음에 가볍게 떠올린다. 여기 '가볍게'라는 말이 중요하다. 우리는 여기서 성령님과 상대하는 것이지, 억지로 표현하려는 개인적 의지를 상대하는 것이 아니다. 만약 기도하는 동안 잠에 빠지게 된다면, 깨어나자마자 다시 거룩한 단어를 떠올리면 된다. 죄책감을 느낄 필요도 없고, 좌절하여 기분이 가라앉을 필요도 없다. 한 성인이 이렇게 말한 적이 있다. "아버지는 그의 자녀가 자신의 팔에 안겨 잠에 곯아떨어진다고 화를 내지 않는다." 그것이 바로 하나님이 우리와 함께하시는 방식이다. 그렇지만, 우리는 항상 깨어서 반응하도록 노력해야 한다.

생각이 개입되면, 단순히 거룩한 단어로 돌아가기

향심기도에서 '생각'이란 단어는 실제로 매우 포괄적인 의미를 갖는다. 예를 들면 몸의 감각, 느낌, 이미지, 소음, 기억, 과거의 경험, 미래에 대한 계획, 반추, 개념, 설명, 특별한 영적 경험 등등이다. 다른 말로 하자면, 모든 것이다. 이 기도의 목표는 살아 있는 하나님과 연결되고자 하는 것이다. 그러므로 하나님이 아닌 것은 모두 떠나가도록 한다. 이 기도에서 우리가 할 수 있는 유일한 활동은 거룩한 단어로 돌아가는 일이다. 자신이 생각에 대한 생각을 하고 있다는 것을 발견할 때마다 그저 거룩한 단어로 매우 가볍게 돌아가라. 때때로 가려움이나 가벼운 통증을 느낄 수도 있다. 이것들은 몸을 묶고 있는 끈과 같은 것인데, 그것을 풀어주어야 한다. 그러면 우리는 어떻게 해야 할까? 가볍게 거룩한 단어로 돌아가면 된다.

때때로 우리는 손이나 발에 묵직함 혹은 가벼움을 느낄 수 있다. 이것은 깊은 영적 각성의 기회일 수 있다. 그러면 어떻게 할까? 가볍게 거룩한 단어로 돌아가면 된다. 우리 안에서 일어나는 또 다른 활동은 미래로 달려가고자 하는 것이다. 하지만 우리가 미래에 있으면, 하나님이 계시는 그 현존에 머무르는 것은 불가능하다. 때때로 거룩한 단어는 향심기도를 하는 동안 불분명해질 수도 있고, 사라질 수도 있다. 기도가 진행되어 가면서 이런 일이 거듭거듭 일어날 수 있다. 그러나 걱정할 것 없다. 거룩한 단어를 통하여 내면으로 들어가고 있다는 것을 의미하기 때문이다. 즉 더 깊은 곳으로 들어갔다는 말이다.

'향심기도 훈련'이란 말의 중요한 의미는, 당신이 생각이나 이미지 등에 사로잡힐 때마다 거룩한 단어로 돌아가는 훈련을 말한다. 거룩한 단어로 돌아가는 것이 이 기도 훈련의 핵심이다.

기도 마지막에는 잠시 동안 눈을 감고 조용히 머물기

이 몇 분 동안이 침묵의 분위기를 일상생활로 옮겨가는 데 도움을 준다. 당신 주위가 분주하게 돌아간다 할지라도, 당신의 내면은 고요하고 평화로울 수 있다. 만약 그룹으로 기도를 하고 있었다면, 누군가가 먼저 주기도문 등의 기도문을 소리 내어 천천히 부드럽게 암송하라. 그러는 동안 다른 사람들은 들으면서 향심기도를 끝낸다.

매번 기도를 끝낼 때마다, 당신 자신의 기도를 평가하거나 혹은 어떤 느낌 등으로 결론 내리려 하지 말라. 어떤 중요한 계시적 말씀을 기대하지도 말라. 이 기도를 하는 것은, 하나님의 임재 아래에 있고자 하는 당신의 의향을 보여주는 것이다. 그 밖에 어떤 일이 일어나는지는 신경을 쓸 필요가 없다. 이 기도는 의향의 기도일 뿐이다. 하나님은 우리 안에 임재하시고 활동하시는 그분 자신을 향하여 열려 있기를 원하신다. 이 기도 동안에 우리가 하는 일이 바로 이것이다. 다른 어떤 기대도 없다.

향심기도에서 추천하는 최소한의 시간은 20분이다. 매일 두 번의 기도를 권고한다. 한 번은 아침에, 다른 한 번은 오후나 이른 저녁에 하라. 권고 시간은 20분이지만 때때로 더 많은 시간을 기도에 할애하는 것이 좋다. 무엇보다 중요한 것은, 아무리 시간이 분주할지라도 기도를 하는 것이다. 하나님과 함께 보내는 시간에 있어서는 어떤 제한도 없다.

정의들

관상기도는 친밀한 임재 경험을 통한 하나님의 지식이라면, 향심기도는 관상기도를 향하여 우리 자신을 활짝 개방시키기 위한 기도 훈련이다.

향심기도는 어떤 다른 종류의 기도를 대체하는 것이 아니다. 오히려 모든 종류의 기도는 새로운 통찰력과 심오한 의미를 제공한다. 향심기도는 하나님과의 관계 맺음인 동시에 그 관계를 지탱하기 위한 훈련이다. 향심기도는 하나님과의 친밀한 교제를 위하여 그리스도와의 대화를 뛰어넘게 한다. 그리고 우리가 관상이라는 선물을 받도록 준비시켜준다.

토마스 키팅은 그의 책《마음을 열고 가슴을 열고》에서 거룩한 단어에 대해서 이렇게 쓰고 있다. "거룩한 단어는 하나님께 당신 자신을 열어놓고, 하나님을 있는 그대로 받아들이겠다는 당신의 의향을 새롭게 하는 하나의 방법이다. 이것이 다른 때에 다른 형태로 기도하는 것을 방해하지 않는 한, 향심기도를 하는 동안은 특별히 다른 사람들을 위해서 기도하는 시간이 아니다. 당신 자신을 하나님께 열어 보임으로써 암시적으로 과거, 현재, 그리고 미래의 어떤 사람들을 위해서 기도하는 것이다. 당신은 전 피조물을 끌어안고 있는 것이다. 당신은 하나님과 시작했고, 일반적으로는 깨닫지 못할 수도 있는 당신 자신의 실존의 한 부분, 즉 당신 자신의 영적 차원을 받아들이는 것이다"(저자 사역).

계속해서 그는 이렇게 설명했다. "단지 당신 자신을 하나님께 열어 보임으로써 과거, 현재, 미래의 모든 사람들을 위해 기도할 수 있다는 사실을 상상해보라. 당신은 이 기도로 인해서 세상을 위하여 좋은 일을 하는 것이다. 그것은 마치 당신이 영적 전투에서 하나님이 하실 수 있는 만큼 돕는 것이다. 왜냐하면, 믿거나 말거나 우리는 진실로 필요한 존재들이기 때문이다"(저자 사역).

20분 동안의 향심기도로 수업을 끝낸다.

3장에 해당하는 과제를 한다.

다음 시간에 논의할 실습, 질문들, 반응들을 읽어본다.

4장을 읽는다.

▼ 매일 실습 과제

첫째 날 - 오늘 향심기도를 드리는 시간과 장소를 기록하라.

첫 번째 기도 ＿＿＿＿＿＿＿＿＿＿＿＿＿＿＿＿＿

두 번째 기도 ＿＿＿＿＿＿＿＿＿＿＿＿＿＿＿＿＿

낮 동안에 무엇인가 흘려보내야 한다고 느낄 때마다 거룩한 단어를 사용하라. 그 결과 어떤 경험을 하였는가?

둘째 날 - 오늘 향심기도를 드리는 시간과 장소를 기록하라.

첫 번째 기도 ＿＿＿＿＿＿＿＿＿＿＿＿＿＿＿＿＿

두 번째 기도 ＿＿＿＿＿＿＿＿＿＿＿＿＿＿＿＿＿

다음 이사야의 말씀을 몇 분 동안 묵상해보라.

"너를 만들고 너를 모태에서부터 지어낸 너를…내가 너를 지명하여 불렀나니 너는 내 것이라." 어떤 생각이 떠오르고, 어떤 느낌이 드는가? 당신 자신을 판단하지 말고 솔직하게 느껴지는 대로 생각해보라.

셋째 날 - 오늘 향심기도를 드리는 시간과 장소를 기록하라.

첫 번째 기도 _____

두 번째 기도 _____

예수님이 침묵 가운데 기도하셨다는 특정한 증거는 없지만, 그분이 어떻게 기도하셨는지에 대한 성경의 예들은 침묵으로 기도하셨음을 암시한다. 예수님이 어떻게 기도하셨는지에 대한 아래의 말씀들을 읽어보라. 그리고 공통적인 요소들이 무엇인지 찾아보라.

마 14:23

막 1:35

눅 5:16

눅 6:12

이 말씀들에서 공통적으로 나타나는 것들이 향심기도와
어떤 관계가 있는가?

넷째 날 - 오늘 향심기도를 드리는 시간과 장소를 기록하라.

첫 번째 기도 _____

두 번째 기도 _____

다섯째 날 - 오늘 향심기도를 드리는 시간과 장소를 기록하라.

첫 번째 기도 _____

두 번째 기도 _____

한 주간 동안 매일 향심기도를 시도해본 결과, 그 기도에
대해 어떤 질문이 떠오르는가? 향심기도를 시도할 때에 직
면하는 장애물들은 무엇인가? 향심기도를 해보고 나서 실
제 경험에서 나오는 몇 가지 질문들에 대해 이야기해보라.

· 지난 한 주간 동안 기도하면서 겪은 어려움들은 무엇인가?

· 그 기도 경험에 대한 당신의 반응은 무엇인가?

· 기도하는 시간과 장소는 어떠했는가?

향심기도는 하나님과의 관계 맺음인 동시에

그 관계를 지탱하기 위한 훈련이다.

4장

거룩한 단어에 대한
이해와 사용

　　이제 '재고(再考)의 시간'을 가져
보자. 이 '재고의 시간'의 목적은 향심기도의 미묘한 부분들을
깨닫고, 우리가 지금 하고 있는 기도를 완전히 이해하며, 하나
님이 우리 안에서 이루어가시는 것을 충분히 이해하고자 함이
다. 그것은 어렵지 않다. 무엇이 똑딱거리는 소리를 내게 하는
지 보기 위해서 시계를 들여다보는 것과 같다.

　여기에 재고하는 절차가 있다. 향심기도를 인도하는 그 절
차를 다시 읽어보자. 그 절차들 중 특히 세 번째의 것을 숙고
하라. "생각에 사로잡힐 때, 거듭거듭 가볍게 거룩한 단어로
돌아간다."

첫째, 거룩한 단어는 하나님의 임재와 내적인 활동에 대하여 우리의 의향과 동의를 표현하는 하나의 상징이다. 우리가 거룩한 단어를 사용할 때마다 우리는 실제로 한마디의 짧은 기도를 드리고 있는 것이다. 그렇게 함으로써 하나님의 임재 안에 우리가 머물고자 한다는 의향을 표하고 그분이 우리 안에서 활동하시는 데 동의한다고 말씀드리는 것이다. 기억해야 할 점은, 단어가 가진 의미 때문에 그 단어를 거룩하다고 말하는 게 아니라는 것이다. 우리의 의향과 동의의 표현으로서 '우리가' 그것에 의미를 부여하기 때문에 거룩한 단어인 것이다.

우리는 하나님의 임재와 우리 내면에서의 활동이라는 말을 사용한다. 하나님의 임재는 기본적인 선하심, 즉 무조건적인 사랑을 확증하는 것이다. 하나님의 활동은 우리 안에서 일어나는 치유 과정이다. 우리는 우리 자신을 치유할 수 없다. 많은 시간, 많은 방법들을 동원하여 노력해보아도, 하나님 없이는 실패한다. 하나님은 우리 안에서 활동하시면서 외면으로부터 우리를 치유하시기 시작한다. 우리는 우리 안에서 일하시는 하나님께 동의를 보내야 한다.

둘째, 스쳐 지나가는 생각이 감지될 때는 거룩한 단어를 사용하지 않는다. 그러나 정말로 그러한 생각들에 사로잡힐 때, 그러한 생각들에 대해서 생각하기 시작할 때는 그 단어를 사용한다. 다음과 같은 예가 도움이 될 것이다.

의식의 차원을 고속도로라고 생각해보자. 우리의 생각들은 고속도로를 달리는 차와 같다. 대부분의 경우, 우리는 이러한 생각들, 자동차들을 스쳐 지나가도록 할 수 있다. 그리고 그것들을 그저 바라본다. 그러나 가령 우리가 지나가는 다른 차의 차종이나 브랜드를 인식하기 시작한다면, 내가 타고 있는 차에 대한, 그리고 내가 지금 어디를 향해서 가고 있는지에 대한 인식을 멈추게 된다. 이러한 것을 바로 생각하고 있다고, 지나가는 자동차에 대해서 생각하고 있다고 말할 수 있다. 이때 우리는 거룩한 단어로 돌아갈 필요가 있다. 그 지나가는 자동차의 종류가 무엇이든지, 그냥 지나가도록 내버려둔다. 우리가 생각에 사로잡혀 있다는 것을 인식할 때마다 우리는 거듭, 부드럽게, 거룩한 단어로 돌아가야 한다.

셋째, 향심기도에서는 생각과 침묵이 중요하다. 믿거나 말거나, 어떤 생각들은 치유 받을 필요가 있고, 침묵은 바로 이러한 치유가 일어나도록 하는 공간이 된다.

넷째, 우리가 거룩한 단어로 돌아가는 그 시간이 바로 기도이고, 하나의 사랑의 행동이다. 왜냐하면 이러한 행위가 바로 하나님의 임재에 우리가 동의한다는 표시이기 때문이다. 기도 중에 이루어지는 이러한 작은 행동이 하나의 기도요 사랑의 행동일 수 있다는 것에 놀랄 필요는 없다. 하나님은 분명히 그 이상의 많은 것들을 원하시지 않는다.

'생각들'이라는 말에 대한 정의

'생각들'이란 이미지들, 감정, 기억들, 반성들, 해석과 영적 경험 등등 모든 아이디어들을 대표하는 말이다.

생각들은 지속적으로 일어난다. 우리의 몸은 숨을 쉬고, 우리의 마음은 생각한다. 하나님은 우리가 이러한 것들을 멈추기를 원하시지는 않는다.

향심기도 중에, 우리는 생각을 제거하는 것이 아니라 오히려 그것들이 다가오기를 기대한다. 그저 우리는 그러한 생각들을 천천히 내려놓기 위해 노력하고자 할 뿐이다. 어떤 사람은 우리가 향심기도 안에 머물러 있으면 마귀가 우리 마음속으로 들어올지도 모른다는 두려움을 갖고 있다. 이에 대해서 토마스 키팅은 이렇게 설명하고 있다.

"마귀가 비록 마음 깊은 곳에 자리 잡고 있다 할지라도 향심기도 안에서 당신이 하고 있는 것들을 감지할 수는 없다. 마귀는 오직 당신의 상상과 기억 안에 있는 것들을 알 뿐이다. 그리고 이러한 것들에 또 다른 내용들을 갖다 붙인다. 그러나 당신이 깊은 침묵 가운데에 있다면, 거기서 일어나는 일은 하나님의 비밀이다. 하나님만이 우리 심령 깊은 곳에서 일어나고 있는 일을 아신다."

그래서 '우리의 생각들에 대해서 생각하는' 우리 자신을 발견할 때마다 떠오르는 그 생각들을 흘려보내면서 그저 거룩한 단어로 돌아가면 된다.

한 예가 있다. 아주 오래 전에 토마스 키팅이 인도했던 향심기도 훈련에 참가한 한 분이 첫 20분 동안 향심기도의 맛을 보았다. 그리고 "토마스 신부님, 완전히 실패한 기도입니다. 20분 안에 수만 가지의 생각들이 떠올랐어요"라고 말했다. 그러자 토마스 신부는 숨 고를 틈도 없이 대답했다. "얼마나 멋있는 일이에요! 그것은 하나님께 돌아가기 위한 수만의 기회들입니다."

생각의 종류들

우선, 배회하듯 일상 속에서 일어나는 상상이나 기억들이 있다. 외부 소음들, 즉 삐그덕거리는 문소리, 갖가지 안내방송들,

사람들이 움직이는 소리들이 이에 속한다. 당신이 기도 시작 전에 하고 있던 행동들, 즉 일, 독서, 이리저리 돌아다니던 일, 식당 안에서 일어났던 일들, 토론 등이다. 이 모든 것들은 주어진 환경과 일상생활 속에서 인식되는 소음들이다. 그것들을 한 가게 안의 배경 음악으로 취급한다. 그것들을 무시해보라. 그러면 점차적으로 그것들에 주의를 기울이지 않는 능력이 개발될 것이다. 그리고 조용히 거룩한 단어로 돌아간다.

둘째로, 호불호(好不好)의 생각들이 있다. 좋고 나쁜, 즉 강한 감정들을 불러일으키는 생각들, 좋은 느낌을 주는 생각들이 있다. 이러한 생각들은 좋거나 싫다는 마음을 강하게 일어나게 한다. 그럴 때 부드럽게 거룩한 단어로 돌아간다.

셋째, 통찰력이 있다. 고요한 가운데 어떤 문제들에 대한 해결 방법, 이전에 가족이나 친구들과 사이에서 풀려지지 않았던 문제들에 대한 명료함, 당신의 생각 속에 갇혀 있던 새로운 통찰력, 우리가 가지고 있었던 종교적 계시에 대한 답들이 떠오를 때가 있다. 그때도 그저 부드럽게 당신의 거룩한 단어로 돌아간다.

넷째, 자기 반추가 있다. '기도가 잘되고 있는지' 혹은 '나는 그 기도를 잘 파악하고 있는지'에 대한 생각들이 떠오를 수 있다. 이 모든 것들도 여전히 생각들이다. 당신의 거룩한 단어로 돌아간다.

마지막으로, 무의식으로부터 일어나는 생각들이 있다. 초기 기도 훈련에서 나타날 수 있다. 그것이 어디에서 비롯되었는지 확실하지 않은 느낌들이나 생각들이다. 무의식으로부터 떠오르는 생각들이 진행되는 과정은 성령의 치유 행동으로 알려져 있다. 다음과 같은 바울의 말씀을 떠올려보자. "…그가 어둠에 감추인 것들을 드러내고 마음의 뜻을 나타내시리니…"(고전 4:5).

그리고 우리 생각들에 대한 다음의 지침들을 4R로 기억하라.

- 생각에 저항하지 말라(Resist no thought).
- 어떤 생각에도 머물러 있지 말라(Retain no thought).
- 어떤 생각이든지 감정적으로 반응하지 말라(React emotionally to no thought).
- 생각에 사로잡힐 때 언제나 거룩한 단어로 돌아가라(Return ever-so-gently to the Sacred Word when engaged with your thoughts).

향심기도는 하나의 '기술'이 아닌 방법이다. 그것은 우리의 내부로부터 우리 자신을 변화시키도록 하는 방법이다. 그러므로 이 기도 동안에 우리의 경험을 분석하거나 어떤 특별한 목표에 도달하려는 시도는 피해야 한다. 예를 들자면 다음과 같은 것들이다.

- 거룩한 단어를 지속적으로 반복하는 것을 피한다.
- 어떤 생각을 가지지 않겠다는 목표를 피한다.
- 텅 빈 마음을 만들어야 한다는 목표를 피한다.
- 평화를 누리거나 위안을 맛보고자 하는 목표를 피한다.
- 영적 경험을 얻으려는 목표를 피한다.

하나님을 향한 열망

우리 모두 안에는 하나님을 향한 깊은 열망과 욕구가 있다. 우리가 그것을 알든지 모르든지 태어날 때부터 우리는 그러한 열망을 가지고 있다. 그러나 우리 모두는 그와 같은 것을 인식하지 못한다. 우리가 향심기도와 같은 기도를 시작할 때 이러한 열망이 향상되며, 더 이상 어떻게 할 수 없는 정도까지 커진다. 그러면서 '내가 바르게 기도하고 있는가?' 혹은 '하나님의 임재를 느끼고 있지 못하는가?' 심지어는 '나의 거룩한 단어가 작용하지 않는 것은 아닌가?' 등의 생각을 가지게 된다.

다른 말로 하자면 우리는 기대를 가지게 되고, 기대를 가질 때 우리는 하나님과의 관계를 통제하려는 의도로 이러한 인식을 갖게 된다. 의심의 여지없이, 우리의 의향과 동의는 하나님의 임재와 활동하심에 대해서 활짝 열려 있다. 하나님은 우리의 존재 깊은 곳에 임재하시고 그곳에서 일하신다. 우리는 이것을 보거나 느낄 수 없다. 그러한 능력을 가지고 있지 않기 때문이다. 우리는 순전한 믿음을 신뢰해야 한다. 이 말이 우리에게 그리 격려가 되지는 않는다. 그러나 그렇게 함으로써 우리는 성숙하게 되고, 살아계신 하나님을 만나기 위해 믿음 안에서 자라게 된다. 그리고 하나님과의 친밀한 관계를 돈독히 하게 된다.

다시 바울 사도의 말씀을 들어보자. "이와 같이 성령도 우리의 연약함을 도우시나니 우리는 마땅히 기도할 바를 알지 못하나 오직 성령이 말할 수 없는 탄식으로 우리를 위하여 친히 간구하시느니라"(롬 8: 26).

▼ 실천하기

1. 하나님의 임재와 활동에 대한 의향과 동의는 향심기도의 핵심이다.

2. 당신의 생각에 사로잡힐 때마다, 가볍게 거룩한 단어로 돌아간다.

3. 매번 거룩한 단어로 돌아가는 최소한의 노력을 기울인다. 이것이 향심기도를 하는 동안 우리가 할 수 있는 유일한 행동이다.

4. 일단 떠오르는 생각들이 불가피한 것이고, 하나님에 의해 시작된 치유와 성장의 과정에서 필수불가결한 것이라는 사실을 이해한다면, 당신은 그 생각들을 보다 친절한 태도로 받아들일 수 있을 것이다.

5. 향심기도의 진전은, 생각들을 제거하는 데 있는 것이 아니라 모든 생각들과 연관 짓지 않도록 이끌어가는 것이다. 향심기도의 훈련의 핵심은 생각에 사로잡힐 때마다 재빨리 거룩한 단어로 돌아가는 데 있다. 즉 향심기도를 하기 위해서 당신 자신을 훈련하는 것이 아니고, 생각에 사로잡히기 시작할 때마다 거룩한 단어로 돌아가도록 당신 자신을 훈련하는 것이다.

6. 당신이 고의적으로 생각들에 개입하여 움직이거나 중단하지 않는다면, 그 생각들은 향심기도를 방해하지 않는다.

마지막으로 토마스 키팅의 말을 살펴보자. "거룩한 단어는 모든 생각이 흘러가도록 하는 하나의 방법이다. 이것은 영적 기능들이 활동하도록 해준다. 그 기능들은 우리를 내적인 침묵으로 끌어가며, 그 방향으로 자발적으로 움직여가도록 인도한다. 그러한 순간 어떠한 노력도 필요치 않다. 단지 일상적으로 지배하고 있는 생각들을 기꺼이 흘려보내는 일만 필요할 뿐이다."

20분 동안의 향심기도로 끝낸다.
4장의 과제들을 한다.
다음 시간을 위해서 5장을 읽는다.

▼ 매일 실습 과제
첫째 날 - 오늘 향심기도를 드리는 시간과 장소를 기록하라.

첫 번째 기도 _____

두 번째 기도 _____

거룩한 단어 사용이 이번 기도에 얼마나 도움이 되었는가?

둘째 날 - 오늘 향심기도를 드리는 시간과 장소를 기록하라.

첫 번째 기도 _____

두 번째 기도 _____

우리는 보통 '생각들'이라는 단어를 특별한 의미로 이해한다. 그러나 향심기도에서 '생각들'이라는 단어는 보다 넓은 의미이다. 당신의 현재 환경을 돌아보고, 몇 가지 예를 들어보라.

셋째 날 - 오늘 향심기도를 드리는 시간과 장소를 기록하라.

첫 번째 기도 _____

두 번째 기도 _____

다양한 종류의 '생각들'이 있다. 일상적으로 배회하는 생각들, 우리를 끌어들이거나 밀어내는 생각들, 새로운 지식을 전해주는 통찰력, 자기 성찰, 그리고 무의식으로부터 일어나는 생각들이 있다. 이번 향심기도에서 당신에게 가장 빈번하게 일어났던 생각들은 무엇인가? 별로 일어나지 않은 생각들은 무엇인가? 왜 그랬는지 그 이유를 알 수 있는가?

넷째 날 - 오늘 향심기도를 드리는 시간과 장소를 기록하라.

첫 번째 기도 _____

두 번째 기도 _____

바울 사도의 "…그가 어둠에 감추인 것들을 드러내고 마음의 뜻을 나타내시리니…"(고전 4:5)라는 말씀에 동의하는가? 설명해보라.

다섯째 날 - 오늘 향심기도를 드리는 시간과 장소를 기록하라.

첫 번째 기도 _____

두 번째 기도 _____

향심기도에서 우리는 어떠한 기대도 하지 않기로 되어 있다. 그러나 당신의 현재 상황에서 그렇게 하기가 매우 어려울 수도 있다. 그렇게 할 수 없는 상황에 있다면, 기도하는 동안 가지게 되는 기대들은 무엇인가?

5장

렉시오
디비나

'렉시오 디비나'(Lectio Divina)라
는 단어는 라틴어인데, divina는 '거룩한'(sacred)이라는 의미이
고, lectio는 '읽기'(reading)라는 의미이다. 그래서 렉시오 디비나
란 성경을 거룩하게 읽는다는 뜻이다.

오랜 세월에 걸쳐서 수도자들은 성경에 대한 거룩한 독서를
해왔다. 그리스도께 더 가까이 다가가고 그분과의 관계를 심
화시키는 방법이었다. 그분이 무슨 말을 했고, 무슨 일을 했으
며, 어떻게 살았고, 누구와 지냈으며, 다른 사람들과 어떻게 대
화했고, 얼마나 사랑했으며, 그리고 어떻게 죽었는가를 성경
에서 읽는 것보다 더 좋은 길이 또 있겠는가?

거룩한 독서를 통하여, 수도자들은 예수님을 살아 계신 분으로 만났다. 그분의 임재는 어느 곳에서나 느껴졌다. 그들이 일하는 모든 곳에서, 그들이 만나는 모든 사람들 안에서, 그들이 읽는 모든 책들 안에서, 그리고 매일의 의무를 수행하는 중에 그분의 임재를 느꼈다. 예수님은 마치 성경 밖에서 활동하시기 위해서 성경으로부터 튀어나온 것 같았다.

인쇄술이 발명되기 전 수도자들은 성경의 단어들에 귀를 기울여야 했고 마음으로 그 말씀을 배워야만 했다. 그래서 그들은 온종일 성경 말씀을 품고 기도할 수 있었다. 그들은 반복적으로 말씀을 읊조렸다. 그래서 그들은 온몸으로 살아 계시는 하나님과 깊게 대화할 수 있었다. 수도자들은 매우 천천히 읽었기 때문에 렉시오 디비나를 하는 데 매일 2-3시간씩 걸렸다. 오늘날도 여전히 거룩한 독서는 수도자가 할 수 있는 가장 중요한 일들 중의 하나다.

우리 시대에는 신문과 잡지, 다른 읽을거리가 홍수를 이루고 있다. 그래서 성경을 그저 읽을 만한 또 다른 책으로 보는 경향이 있다. 그러나 결코 그렇지 않다. 아니 정반대이다. 성경은 맛보고 성찰하고 우리에게 사랑스럽게 말을 걸어오는 살아 있는 책으로 간주해야 한다. 성경 말씀은 그리스도와의 사귐의 씨앗을 품고 있으며, 또한 우리에게 개인적으로 전해줄 비밀들을 담고 있다.

렉시오 디비나는 관상기도의 한 형태이다. 우리가 이렇게 말할 수 있는 이유는, 우리가 성경을 읽는 이유가 어떤 정보를 얻기 위함이 아니라 통찰력을 얻기 위함이기 때문이다. 무엇인가를 배우고자 하는 것이 아니고, 그리스도를 만나고자 하는 것이다. 과정이 진행되면서 우리는 향심기도에서 그러했던 것처럼 하나님의 말씀이 우리 안에 계시는 것을 깨닫게 된다. 그것은 어떤 교훈 같은 것이 아니고, 살아 있는 어떤 것이며, 우리 삶의 큰 부분이다. 향심기도는 침묵에 잠김으로써 우리 안에 계시는 하나님의 말씀에 귀를 기울이도록 도와준다. 렉시오 디비나는 성경 말씀에 귀를 기울임으로써 우리 안에 계시는 하나님의 말씀에 귀를 기울이도록 도와준다. 각자가 경험하는 것은 다르다. 왜냐하면 우리는 과거와 현재의 삶의 모습과는 상관없이, 우리의 있는 그대로의 모습에 따라서 말을 걸어오시는 하나님을 경험하기 때문이다. 그렇지 않다면 우리가 어떻게 하나님을 알 수 있겠는가? 이제 우리에게 주어진 선물을 가지고, 그것이 어떻게 작용하는지 보자.

렉시오 디비나의 4단계

전통적으로 알려져 온 4단계의 성경 읽는 방법에 따라 렉시오 디비나를 훈련해보자.

첫째 단계는 렉시오(읽기)이다. 이 단계에서는 우리가 성경을 읽어갈 때 조심스럽게 귀를 기울이도록 안내한다(숨겨진 정보를 얻기 위해서 해독해야 할 문자를 읽는 것처럼).

둘째 단계는 묵상(명상)이다. 이것은 말씀을 우리에게 적용하여 의미를 찾아내는 지성적 활동의 단계다(사랑하는 사람으로부터 온 편지를 읽는 것처럼, 우리는 문자 너머의 그 단어들이 진정으로 우리에게 의미하는 바를 묵상한다).

셋째 단계는 기도이다. 하나님으로부터 필요한 것을 얻기 위해 하나님께로 우리의 마음을 향한다. 그것은 우리 마음으로부터, 그리고 마음을 통하여 이루어지는 기도이다(우리는 지성을 떠나서 마음으로 옮겨간다. 우리를 가장 사랑하시는 하나님과 우리의 지각과 욕구에 대해 토론한다. 하나님이 우리에게 말씀하신 것을 가지고 하나님께 얘기한다).

넷째 단계는 관상이다. 이것은 우리가 하나님의 말씀 안에서 쉴 수 있는 그 지점에 도달하는 것을 의미한다. 우리는 또한 하나님의 품 안에서 쉼을 얻는다. 우리 마음에 다가오는 말들과 이미지들을 사용하면서 성경을 통하여 하나님께 기도하기 때문에, 모든 것을 흘려보내고 그저 하나님의 사랑 안에서 쉴 수 있다.

이것이 무엇을 의미하는지 이해를 돕기 위해서, 테레사 수녀의 삶을 예로 들어보자. 한 순례자가 테레사 수녀에게 물었다. "수녀님, 당신은 어떻게 기도합니까?" 테레사 수녀는 이렇게 대답했다. "눈을 감고 침묵으로 기도하지요." 당황한 순례자는 "눈을 감고 있는 동안 무엇을 하시는 건가요?" 물었다. "나는 하나님께 귀를 기울입니다"라고 그녀가 대답했다. 여전히 혼란스러워하면서 순례자는 또 물었다. "하나님은 기도 내내 무슨 일을 하고 계신다고 생각합니까?" 테레사 수녀는 대답했다. "그분은 나에게 귀를 기울이시지요."

우리는 단어들과 이미지들을 그저 흘려보내고, 단순히 하나님의 사랑에 젖는다. 즉 아버지가 어린 아들을 어루만지듯이 하나님의 어루만지시는 그 사랑을 느낀다. 어떤 이유에서든지, 만약에 그 사랑을 느낄 수 없다면, 믿음 안에서 그러한 일들이 일어나고 있다는 것을 믿으라. 곧 하나님이 그 사랑을 느끼도록 해주실 것이다. 그분은 사랑 그 자체이시기 때문에 그것을 허락하시지 않을 수 없다. 성경 안에서 반복적으로 나타나는 단어들에 귀를 기울이라. 예를 들면 "두려워하지 말라, 놀라지 말라"와 같은 말씀들이다.

개인적으로 렉시오 디비나를 할 때는, 성경을 읽는 중에 어느 부분이 당신의 주목을 끌면 거기서 멈추고 그 부분을 렉시오 디비나의 대상으로 받아들이라. 혹은 무슨 이유 때문인지 당신이 성경의 어느 부분에 끌리면, 그 곳을 찾아서 읽고 렉시오 디비나를 행할 수 있다.

개인적 렉시오 디비나

첫째, 매우 천천히, 많지 않은 일정한 분량의 성경을 읽는다(렉시오, lectio).

둘째, 그 말씀이 당신을 어떻게 부르고 있는지 자문하라. 그 말씀으로 인해 당신 안에서 어떤 생각이나 느낌, 어떤 확신이나 의도가 일어나고 있는지 자문해본다(메디타치오, meditatio).

셋째, 당신 마음의 깊은 곳에서 느껴지는 단어들 가운데 일어나는 모든 것들을 하나님과 나눈다(이것이 관계로서의 기도이다. 오라티오, oratio).

넷째, 하나님 안에서 쉰다(관상). 살아 있는 말씀의 현존 안에서 쉼을 누린다.

까르투시오 수도자인 귀고(Guigo)의 말에 귀 기울일 필요가 있다. "독서는 기본이며 가장 우선시되는 것이다. 독서가 묵상의 자료를 제공하고, 이어서 묵상으로 안내한다. 묵상은 진지하게 우리가 추구해야 할 것을 추구하도록 한다. 찾아야 할 보물을 위해서 깊게 파게 한 후 마침내 그 보물을 보여준다. 그러나 묵상 자체로서는 아무것도 얻을 수 없기 때문에(왜냐하면 머리로는 우리가 가고자 하는 곳에 도착할 수 없기 때문이다), 그것은 우리를 기도로 안내한다. 기도는 하나님을 향하여 모든 힘을 기울이도록 한다."

하나님 안에서 쉬기

칼 아리코(Carl Arico)는 렉시오 디비나에 대해서 보다 넓게 설명하고 있다. "렉시오 디비나의 과정에서 얻는 유익은, 같은 기간 동안 하는 기도 안에서 우리가 예수님과의 더욱 깊은 관계로 옮겨갈 수 있다는 점이다. 즉 다양한 반응을 경험하고, 예수님과의 우정이 깊어지면 깊어질수록 '말씀의 네 의미들'이 우리 안에서 역동적으로 펼쳐지기 시작한다."

렉시오 디비나의 방법은 우리가 어떤 사람을 알고자 할 때에 밟는 패턴과 비슷하다. 다음 장에서 그 패턴을 보여줄 것이다.

하나님 안에서의 쉼을 위하여

관계로서의 기도	**렉시오 디비나**
아는 사이로 관계 맺기	읽기
친구로 발전하기	묵상
친구 되기	자발적 기도
친밀감 형성하기	하나님 안에서 쉬기
	관상

무엇이 우리를 한 차원에서 다른 차원으로 움직이게 하는 가? 우리가 하고 있는 일이 그것인가? 렉시오 디비나 방법에 서 우리는 그저 성경을 읽고, 그 하나님의 말씀에 귀를 기울인 다. 결국 우리는 성경의 역할을 이해하면서 자라가게 될 것이 고, 영적 여정을 지속하도록 도움을 받게 될 것이다.

우리가 때로는 이 과정들의 어느 한 부분을 강조할 수는 있 지만, 영적 여정이 진행되는 과정에서는 네 단계가 모두 필요 하다. 예를 들면, 어떤 때에는 읽기에, 또 어떤 때에는 묵상에 더 많은 관심을 기울일 수 있다. 종종 기도는 영적 여정에서 가장 중요한 활동처럼 보인다. 그리고 어떤 때에는 하나님 안 에서의 쉼이 우리를 더 깊이 끌어들이기도 한다. 이 네 과정은 항상 그 곳에 있으며, 진정한 영적 자양분을 얻기 위해서는 네 과정이 모두 필요하다. 우리가 이 전 과정에 개입되어 있음을 인식한다면, 그때 비로소 적극적이고 영으로 충만한 기도가 될 것이다.

까르투시오 수도자인 귀고의 말을 또 들어보자.

"묵상 없는 읽기는 건조하다. 읽기 없는 묵상은 오류가 있다. 묵상 없는 기도는 미온적이다. 기도 없는 묵상은 열매가 없다. 헌신적인 기도는 관상에 이르게 한다. 그러나 기도가 없다면 관상에 이르는 것은 불가능한 일이거나 기적이라 할 수 있다."

그룹 렉시오 디비나

렉시오 디비나는 보통 개인적인 기도 훈련으로만 보이지만, 향심기도 모임에서 그룹으로 행하는 렉시오 디비나는 매우 힘 있는 기도를 가능하게 한다.

공동체 안에서 행하는 렉시오 디비나

렉시오 : 하나님의 말씀을 읽는 것

1. 한 사람이 소리 내어 주어진 본문을 두 번 읽는다. 다른 사
   람들은 각자에게 특별히 다가오는 말씀에 주의를 기울이

면서 듣는다.

2. 잠시 침묵 가운데 머문다. 사람들은 각자 자신들을 끌어 당기는 단어나 절에 귀를 기울이면서 조용히 반복한다.

3. 서로 나눈다. 각 사람은 자신들에게 말을 걸어오거나 끌어당기는 단어나 절을 나눈다. 이때에 다른 설명을 붙일 필요는 없다.

묵상하기 : 말씀에 대해 반추하는 것

4. 또 다른 사람이 동일한 말씀을 읽는다.

5. 잠시 침묵 가운데 머문다. 마음에 부딪혀 오는 말씀이 나의 삶에 관해서 무엇을 말해주고 있는지 숙고해본다.

6. 서로 나눈다. 그 말씀이 당신에게 어떤 의미를 전해주었는지 짧게 나눈다. 예를 들자면, 무슨 소리를 들었고, 무엇을 보았고, 무엇에 의해서 감동을 받았는지 등등이다.

기도하기 : 하나님께 반응하는 것

7. 또 다시 다른 사람이 동일한 본문을 읽는다.

8. 잠시 침묵 가운데 머문다. 하나님이 나에게 어떻게 반응하라고 하시는지 숙고해본다.

9. 서로 나눈다. 하나님의 부름에 대한 우리의 반응을 자연

스럽게 기도로 표현한다.

관상하기 : 하나님 안에서 쉬는 것

10. 또 다른 사람이 동일한 본문을 읽는다.

11. 침묵 가운데 말씀 안에 머문다.

12. 말씀이 영향을 미치는 대로 맡긴다. 그럼으로써 우리는 더욱 더 하나님이 원하시는 방식대로 존재하게 된다.

▼ 매일 실습 과제

첫째 날 - 향심기도를 할 시간과 장소를 기록한다.

첫 번째 향심기도 _____

두 번째 향심기도 _____

개인적으로 렉시오 디비나에 사용할 말씀을 기록한다.

렉시오 디비나를 할 때에 당신이 경험한 예수님의 말씀은
무엇인가?

둘째 날 - 향심기도를 할 시간과 장소를 기록한다.

첫 번째 향심기도 _____

두 번째 향심기도 _____

개인적으로 렉시오 디비나에 사용할 말씀을 기록한다.

렉시오 디비나를 할 때에 유익하게 느끼는 점과 불편하게
느끼는 점에 대해서 기록해보라.

셋째 날 - 향심기도를 할 시간과 장소를 기록한다.

첫 번째 향심기도 _____

두 번째 향심기도 _____

개인적으로 렉시오 디비나에 사용할 말씀을 기록한다.

다음 인용문을 숙고해본다.

"렉시오 디비나를 할 때 내가 갇혀 있는 장벽과 감옥을 제 거하기 위해서 다음과 같은 상상력을 사용해볼 수 있다. 나 는 나사렛이나 갈릴리나 예루살렘에서 예수님과 함께 머 물러 있다. 심지어 지금 이 시간에 이 곳에서 예수님은 바 로 내 옆에 계신다. 지금 내 주위에서 무슨 일이 벌어지든 지, 그것들은 모두 사라질 것들이다."

넷째 날 - 향심기도를 할 시간과 장소를 기록한다.

첫 번째 향심기도 _____

두 번째 향심기도 _____

개인적으로 렉시오 디비나에 사용할 말씀을 기록한다.

렉시오 디비나를 위해서 지금까지 읽은 말씀에 등장한 어떤 인물과 나를 동일화할 수 있는가? 할 수 있다면, 정말 내가 그 사람과 같은지 물어본다. 그는 어떤 사람인가? 그가 느끼는 대로 나도 느끼는가? 기회가 있다면 나는 그에게 무엇이라고 말하겠는가? 매일 일상에서 만나는 사람들 중에 그 말씀에서 만난 사람들과 비슷한 사람들이 있는가?

다섯 째 날 - 향심기도를 할 시간과 장소를 기록한다.

첫 번째 향심기도 _____

두 번째 향심기도 _____

개인적으로 렉시오 디비나에 사용할 말씀을 기록한다.

예수님의 마지막 생애에 대한 말씀을 읽는다. 마태복음 26-27장, 마가복음 14-15장, 누가복음 22-23장, 요한복음 11-19장 말씀들을 읽어보라. 예수님의 고난이 어떤 식으로든지 당신의 고난과 유사한 점이 있는가? 당신이 결코 예수님과 분리되어 있지 않다는 것을 기억하라. 분리되어 있다는 느낌은 오직 당신의 생각일 뿐이다.

향심기도는 침묵에 잠김으로써
우리 안에 계시는 하나님의 말씀에
귀를 기울이도록 도와준다.

6장

하나님과의 관계
심화하기

다음의 사실에 대해서 우리는 의심할 여지가 없다. 우리는 하나님의 형상으로 지음 받았다. 우리의 모습이 어떠하든지, 우리가 무슨 일을 하든지, 우리가 그것을 믿든지 믿지 않든지에 상관없이 우리 안에는 여전히 선한 면이 존재한다. 창세기의 말씀을 기억하라. "하나님이 자기 형상 곧 하나님의 형상대로 사람을 창조하시되 남자와 여자를 창조하시고"(창 1:27).

우리의 근본적인 선함이 기독교 신앙의 핵심이다. 이 선함이 참 자기이고, 그것이 바로 하나님의 시선으로 보는 우리의 모습이다. 우리는 결코 우리가 생각하는 사람이 아니다. 우리가 우리 자신의 기본적인 선함을 일단 받아들이기만 하면 우리는 영적 여정에서 한 발짝 비상하게 된다. 뿐만 아니라, 이 기본적인 선함은 그리스도의 장성한 분량에 이르기까지 제한 없는 발전을 할 수 있게 해준다.

우리가 살아가는 이 문화 속에서는 상당히 많은 사람들이 자신에 대해서 매우 빈약한 이미지를 갖고 있다. 미디어나 우리가 붙들고 살아가는 가치들이나 삶의 방식들이 이러한 빈약한 이미지를 갖도록 부채질한다. 이러한 이미지는 의식적 혹은 무의식적으로 죄책감, 두려움, 분노, 무가치함 등을 느끼게 한다. 이것들은 좋은 관계를 형성하는 데 결코 도움이 되지 않는다. 그러나 우리는 향심기도 훈련을 충실히 함으로써 그리스도와의 관계를 심화시킬 수 있다. 그 관계가 심화되어 가면서 사람들과의 관계에서 비롯된 장애물들은 점차 사라지게 된다. 향심기도는 하나님이 들어오실 공간을 확장시키는 것이고, 그의 사랑으로 우리를 가득 채우는 것이다. 향심기도는, 세례 요한이 말한 대로 "그는 흥해야 하겠고 나는 쇠하여야 하리라"는 경험을 하게 한다. 그러면 우리가 알지 못하는 사이에 변화되는 우리 모습을 다른 사람들이 알아차리게 된다.

그리고 신비롭게도 다른 사람들의 필요에 대해서 더 민감해진다. 더 큰 공감과 자비로움으로 다른 사람에게 다가갈 수 있다. 그렇게 해서 성경대로 그리스도의 말씀을 수행할 수 있게 된다. "내가 진실로 너희에게 이르노니 너희가 여기 내 형제 중에 지극히 작은 자 하나에게 한 것이 곧 내게 한 것이니라"(마 25:40).

향심기도에 대하여 우리는 다음과 같은 태도를 지녀야 한다. 우리는 심리적 경험이나 감각적 경험, 시간의 흐름 정도나 다른 사람들과의 비교 등을 통해서 향심기도의 진행 정도를 판단할 수 없다. 오직 하나님만이 판단하실 수 있다. 왜냐하면 하나님만이 우리의 기도 깊은 곳에서 무슨 일이 일어나는지 아시기 때문이다.

성령님

우리는 지금 성령님께 나아간다. 성령님의 영감은 여러 가지로 표현할 수 있다.

- 성령님은 외부로부터 내면의 세계로 채널을 돌려놓도록 하기 위해 침묵으로 이끄시는 분이다.
- 성령님은 일상의 삶이 자연스럽게 흘러가도록 이끄시는 능

력이시다. 그래서 우리는 덜 논쟁하고, 덜 긴장하고, 덜 화내게 된다.

- 성령님은 점점 듣는 능력을 향상시키신다. 그래서 사람들뿐만 아니라 말씀에 귀를 기울이도록 만드신다.

- 성령님은 비판적이지 않은 태도를 길러줌으로써 우리 자신과 다른 사람들을 향한 태도를 발전시키신다. 그래서 우리는 자신과 다른 사람들에 대해 더욱 관대하게 되며, 그들은 단지 다를 뿐이지 결코 결핍된 존재가 아니라는 것을 받아들인다.

- 성령님은 자유롭게 주고받는 법을 배우도록 도와주신다. 그래서 우리는 다음 말씀과 함께 축복된 삶으로 들어간다. "오셔서 우리의 삶을 흔들어주세요. 당신은 오늘 우리를 위한 그리스도입니다."

- 성령님은 우리의 기도를 더욱 풍요롭게 하신다. 그래서 성경공부 모임을 찾고, 기도 그룹들과 함께 나눌 사람들을 찾게 된다.

- 성령님은 자아에 대한 지식을 자라가도록 해주신다. 그래서 고통스럽지만, 우리의 거짓된 모습과 강점들을 이해하게 된다.

- 성령님은 다른 사람들의 신앙 전통을 존중하게 만드신다.

그래서 다른 사람들의 영적 여정에 대하여 보다 개방적이
되고 편견을 갖지 않게 된다.

· 성령님은 다른 사람들과 모든 피조세계에 대해서 돌봄의 태
도를 가지게 하신다. 우리는 주변(환경이나 가족, 친구들)의 필요
에 대해서 민감하게 반응하게 된다.

· 성령님은 복음의 사회적 적용에 대해서 눈을 뜨게 하신다.
그래서 우리의 믿음을 다른 사람과 나누고 성경에 기초한
선한 일들을 행하게 된다.

하나님과의 관계를 심화시키는 방법들

우선, 매일 두 차례 향심기도를 드린다. 렉시오 디비나로 성경
을 읽으면서 보다 더 깊은 의미를 깨닫는다. 그리고 다른 사람
들과 더불어 향심기도와 렉시오 디비나 하기를 힘쓴다.

여기서 우리는 그룹으로 향심기도를 할 때 기억해야 할 것
이 있다.

"관상 수련을 위하여 함께 기도할 때에, 그리스도가 각 사람
에게 필요한 특별한 은혜를 주시기 위해서 그 사람들 가운데
에 계심을 믿으라. 참여자들은 침묵의 샘으로 빠져들고, 그럼

으로써 그들은 그 모임의 중심으로부터 솟아나는 그 놀라운 생명수를 마실 수 있게 된다. 이러한 환경에서 침묵은 일종의 고양된 예전이라 할 수 있다. 우리는 아무 말도 하지 않고, 아무런 행동도 하지 않지만, 사실은 하나님으로부터 내려오는 것은 무엇이든지 수용하기 위한 특별한 행동에 참여하고 있는 것이다. 즉 우리 안에서 활동하시는 하나님의 임재와 활동하심에 자기 자신을 내어 맡기고 기다리는 행동이다. 여기서 사람들은 지속적인 영적 여정의 진보를 위하여 진력하며, 기도와 지혜로운 영적 동반자와 친구들로부터 도움을 받을 수 있다"(토마스 키팅, 《좋은 땅》, 성바오로출판사, 저자 사역).

토마스 키팅의 말처럼 우리는 이런 훈련에 익숙해지면서 순간을 살아가는 능력이 발전되고 자라가게 된다. 그러나 유의할 점이 있다. 향심기도 훈련의 목적은, 어느 날 우리가 일련의 경험, 아무리 위대한 경험이라 할지라도, 그것이 아닌 관상적 상태에 이르고자 하는 데 있다. 즉 우리가 행동하고 말하고 주고받고 하는 모든 행동들 가운데에서 언제나 내주하시는 하나님을 자각하는 것이 목적이다. 그럼으로써 우리는 다섯 번째 복음서 자체가 되고, 사람들은 우리의 삶 안에서 유일무이한 복음을 경험하게 될 것이다.

20분간의 그룹 향심기도와 렉시오 디비나로 끝낸다.

매일 실습 과제를 하면서 7장을 읽는다.

▼ 매일 실습 과제

첫째 날 - 향심기도를 할 시간과 장소를 기록한다.

첫 번째 향심기도 ＿＿＿＿＿＿＿＿＿＿＿＿＿＿＿＿

두 번째 향심기도 ＿＿＿＿＿＿＿＿＿＿＿＿＿＿＿＿

개인적으로 렉시오 디비나에 사용할 말씀을 기록한다.

렉시오 디비나를 할 때에 당신이 경험한 예수님의 말씀은 무엇인가?

둘째 날 - 향심기도를 할 시간과 장소를 기록한다.

첫 번째 향심기도 ＿＿＿＿＿＿＿＿＿＿＿＿＿＿＿＿

두 번째 향심기도 ＿＿＿＿＿＿＿＿＿＿＿＿＿＿＿＿

개인적으로 렉시오 디비나에 사용할 말씀을 기록한다.

렉시오 디비나를 할 때에 유익하게 느끼는 점과 불편하게 느끼는 점에 대해서 기록해보라.

셋째 날 - 향심기도를 할 시간과 장소를 기록한다.

첫 번째 향심기도 _____

두 번째 향심기도 _____

개인적으로 렉시오 디비나에 사용할 말씀을 기록한다.

하나님이 우리의 아픔과 죄책감과 두려움과 분노와 비루함 등에 공감하시는가? 만약 그렇다면 신비스러운 일이지만, 하나님은 정말 우리와 함께 고통을 당하신다. 하나님은 우리의 아픔 가운데 계신다. 이러한 일에 대해서 하나님과 대화를 나누어보라.

넷째 날 - 향심기도를 할 시간과 장소를 기록한다.

첫 번째 향심기도 _____

두 번째 향심기도 _____

개인적으로 렉시오 디비나에 사용할 말씀을 기록한다.

예수님이 그렇게 하지 말라고 하실지라도 인간인 우리는

거듭해서 우리 자신과 다른 사람들을 판단한다. 우리가 우리 자신을 판단한다면, 우리 자신에게 어떤 해로움이 있을까?

다섯째 날 - 향심기도를 할 시간과 장소를 기록한다.

첫 번째 향심기도 _____

두 번째 향심기도 _____

개인적으로 렉시오 디비나에 사용할 말씀을 기록한다.

성령님이 주시는 영감 중 하나는, 복음의 사회적 적용에 대해서 점점 더 눈을 뜨게 되는 것이다. 그것은 우리의 삶 속에서 다른 사람과 관계를 맺는 일이다.

7장

향심기도의
열매들

        우리는 성령님으로부터 선물을 받는다. 그것을 성령의 열매들이라고 한다. 향심기도와 성령의 열매들 사이에 직접적인 원인과 결과는 없다. 그러나 향심기도로 주님과 관계를 맺게 되면 우리의 삶 속에서 변화가 드러나고, 거기에 성령의 열매가 나타나는 것이다.

    "성령의 열매는 우리 삶의 현장에서 여러 형태로 하나님의 임재를 암시하고 있다. 열매들을 통하여 성령님은 우리 삶의 현실이 되신다"(토마스 키팅,《성령의 열매와 은사》, 가톨릭출판사, 저자 사역). 바울은 "오직 성령의 열매는 사랑과 희락과 화평과 오래 참음과 자비와 양선과 충성과 온유와 절제니 이같은 것을 금

지할 법이 없느니라"(갈 5:22)고 했다. 성령의 열매를 기대하라. 그러면 당신이 알아차릴 사이도 없이 성령의 열매를 받게 될 것이다. 이제 성령의 열매들을 자세히 살펴보자.

성령의 열매들

하나님과 관련된 열매들

사랑 우리의 사랑이 제한적이기는 하지만, 우리가 진정으로 사랑할 때에 우리는 하나님의 무조건적 사랑에 실제적으로 참여하고 있는 것이다. 믿기는 어렵지만, 하나님은 사랑하는 것 외에 아무것도 원하시지 않는다.

희락 기쁨이란 우리가 하나님과의 교제로 인해서 경험하게 되는 참된 삶이다. 그것은 행복한 삶 이상의 경험이다. 그것은 왔다 갔다 하는 행복감과 다르며, 조용하고 부드럽지만, 깊은 차원에서 잠잠히 그리고 부드럽게 머물러 있는 기쁨을 말한다.

화평 하나님 안에 뿌리를 박고 있는 안위감을 말한다. 동시에 하나님과 비교할 때에 우리 자신은 상대적으로 아무것도 아니라는 사실을 깊이 자각한다.

이웃과 관련된 열매들

오래 참음 오랜 고통은 표면적으로는 그렇게 보이지 않지만, 그것은 하나님의 신실한 사랑의 표시이다. 그렇게 고통을 받아들일 수 있는 은사를 말한다.

자비 미움과 분노로부터 자유로운 상태를 말한다. 이것은 희생자로 사는 모습을 말하는 것이 아니고, 증오와 분노를 일으키는 에너지가 사라진 상태를 말한다.

양선 창조 세계에 대한 선한 인식과 더불어 그 세계와 하나가 되고 있다는 의식을 말한다.

우리 자신과 관련된 열매들

충성 다른 사람들의 실제적인 필요에 응답하고 그들에게 자비를 베풀 뿐만 아니라, 하나님께 우리 자신과 우리의 모든 행동들을 매일의 제사로 드리는 삶을 말한다.

온유 하나님의 방식대로 사물을 대하는 것을 말한다. 즉 만물 안에서 서로가 다름을 인식하면서, 어떤 노력 없이도 자연스럽게 받아들이는 확고한 태도를 말한다.

절제 우리의 감정을 통제하기 위해서 우리는 의지를 사용하지 않는다. 오히려 하나님과의 깊은 관계 때문에 저절로 그 통제가 이루어지게 된다.

바울의 말씀을 기억하라. "누구든지 그리스도 안에 있으면 새로운 피조물이라"(고후 5:17). 향심기도의 결과로 우리는 성령의 열매인 은사들을 얻게 된다. 이 은사들은 의식적으로든 무의식적으로든 우리 존재를 정화시키는 과정에서 나타나는 성령의 열매들이다. 여기서 정화란 성령께서 우리를 자유케 하심으로써 이끌어가는 역사를 의미한다. 이렇게 되어야 한다거나 저렇게 되어서는 안 된다는, 어떤 강압적 힘으로부터 자유를 얻게 된다.

지식과 이해와 지혜의 은사들

이 세 은사들은 많은 부분 중복된다. 그래서 한 가지 은사가 자라게 되면, 나머지들도 동시에 자란다. 이 세 은사들은 우리 전 존재를 사로잡는 하나님의 방법이다. 그래서 우리의 전 존재, 즉 몸과 마음과 영이 모두 하나님께 속하도록 한다.

지식
지식의 은사는 세상을 보는 우리의 방식이 실재적(實在的)이지 않을 수 있으며, 삶을 들여다보는 우리의 방식이 유일한 길이 아님을 깨닫도록 돕는다. 토마스 키팅에 의하면 "하나님은 이 땅의 현실 깊은 곳에 임재하시며, 예수님이 복음서에서, 특히 비유에서 보여주시는 것과 같은 유머 감각과 풍유로 가득 찬 감각을 가지고 계신다."

이해력

이해력의 은사는 일반적인 생각을 말하는 것이 아니고, 자발적으로 일어나는 영적 감동과 통찰력을 말한다. 그것은 우리가 연약한 존재라는 것을 인식하게 한다.

지혜

지혜의 은사는 하나님이 보시는 방식대로 보도록 한다. 즉 하나님이 일종의 비전을 부으셔서 매우 비극적이고 고통스러운 환경 속에서도 하나님의 임재와 활동을 보도록 한다.

경외감, 불굴의 용기, 경건, 모사(謀事)

이 네 은사들은 일상생활 속에서 그리고 다른 사람들과의 관계 속에서 향심기도 체험을 하도록 돕는다.

경외감

이 은사는 우리의 삶이 하나님의 은혜 없이는 감당할 수 없는 것임을 깨닫게 한다.

불굴의 용기

이 은사는 영적 성장의 과정에서 겪는 큰 어려움들을 극복하는 에너지를 우리에게 공급한다.

경건

이 은사는 하나님에 대한 숭배와 다른 사람들에 대한 지나친 엄격성을 완화시켜준다. 다른 사람들을 경쟁자가 아닌 영적인 동반자로 보게 해준다.

모사(謀事)

이 은사는 일상의 세부적인 일뿐만 아니라, 장기적인 안목에서 삶의 면모를 볼 수 있도록 돕는다. 우리가 성령님께 마음을 개방할수록, 그만큼 성령님은 우리의 삶을 지배하신다. 한걸음 더 나아가 성령님이 우리의 삶을 이끌어가신다. 우리는 실수하지만 하나님은 우리가 어떻게 살지 아시기에 곧바로 깨닫도록 도와주신다. 하나님만이 인생 삶의 긴 여정을 아신다. 우리를 위한 그분의 계획만이 작용할 뿐이다.

성령의 은사와 열매와 더불어 인생은 우리를 위해서 돌고 돈다. 그래서 우리는 최종적으로 슬픔과 기쁨 속에서 하나님의 변함없는 사랑과 영생의 약속을 볼 수 있게 된다. 무엇보다도 하나님으로부터 사랑받고 있다는 확신은 이 일곱 가지 은사들을 통해서 커져간다. 당신 안에서 변화를 보기는 어려울 수 있다. 우리는 우리가 살아왔던 방식에 익숙하기 때문에, 하나님의 능력이 실제적으로 우리를 변화시킨다는 것을 믿기가 어렵다. 그러나 자기 자신을 자세히 들여다보면서, 주님이 어느 부분에서 자신을 진보시켜 가고 계신지 깨닫도록 해보라. 그러면 우리 안에서 하나님의 은사들을 자각하게 된다.

20분간의 향심기도와 렉시오 디비나로 끝낸다.

그리고 매일 향심기도를 드린다.

8장 내용을 읽어온다.

▼ 매일 실습 과제

첫째 날 - 향심기도를 할 시간과 장소를 기록한다.

첫 번째 향심기도 ＿＿＿＿＿＿＿＿＿＿＿＿＿＿＿＿

두 번째 향심기도 ＿＿＿＿＿＿＿＿＿＿＿＿＿＿＿＿

개인적으로 렉시오 디비나에 사용할 말씀을 기록한다.

우리가 우리 자신을 진실로 열어놓고 향심기도를 드릴 때, 하나님은 스스로를 더욱 우리에게 열어 보여주신다. 우리가 성령님으로부터 받는 은사와 열매들이 그 예이다. 이러한 열매들과 은사들을 받을 때에 우리에게 어떤 일이 일어난다고 생각하는가?

둘째 날 - 향심기도를 할 시간과 장소를 기록한다.

첫 번째 향심기도 ＿＿＿＿＿＿＿＿＿＿＿＿＿＿＿＿

두 번째 향심기도 _____

개인적으로 렉시오 디비나에 사용할 말씀을 기록한다.

우리가 하나님 안에 뿌리를 두고 있는 평화를 갖고 있다면 아무것도 우리를 해할 수 없다. 이것이 우리의 육체적 영역 안에서 일어나는 일을 말하는 것이 아니라면, 오늘날 삶의 영역에서 이것을 어떻게 적용할 수 있겠는가?

셋째 날 - 향심기도를 할 시간과 장소를 기록한다.

첫 번째 향심기도 _____

두 번째 향심기도 _____

개인적으로 렉시오 디비나에 사용할 말씀을 기록한다.

영적 여정이 모두 달콤하거나 가벼운 것은 아니다. 그러한 삶을 기대하기는 어렵다. 우리를 도울 어떤 은사를 구할 수 있을까? 당신과 함께 살고 있는 그 사람들 속에서 이 은사가 어떻게 당신을 도울 수 있는가?

넷째 날 - 향심기도를 할 시간과 장소를 기록한다.

첫 번째 향심기도 _____

두 번째 향심기도 _____

개인적으로 렉시오 디비나에 사용할 말씀을 기록한다.

토마스 키팅은, 하나님이 만물 안에서 활동하신다고 한다.
그 만물이 당신에게는 무엇인가?

다섯째 날 - 향심기도를 할 시간과 장소를 기록한다.

첫 번째 향심기도 _____

두 번째 향심기도 _____

개인적으로 렉시오 디비나에 사용할 말씀을 기록한다.

자기가 가장 많이 접하는 환경 안에 있는 한 사람을 선택해
서, 하나님이 그를 보시는 방식대로 그를 보도록 한다. 어
떤 일이 벌어질까? 그 사람에 대해서 다르게 느껴지는가?
그 사람을 향하여 다르게 행동하고 싶은가?

_____

향심기도로 주님과 관계를 맺게 되면
우리의 삶 속에서 변화가 드러나고,
거기에 성령의 열매가 나타나는 것이다.

확장된 향심기도의 열매 1
: 적극적 기도

이 장은 세 가지 영성 훈련 중 첫 번째에 대한 내용이다. 영성 훈련들은 우리의 삶 속에서 일어나는 여러 가지 일들을 통하여 매 순간 하나님의 임재를 경험하도록 돕는다. 당신은 "뭐라고요? 세 가지 훈련이라고요?"라고 물을 수 있다. 그러나 그렇게 복잡한 일은 아니다. 그리고 이어서 "왜죠?"라고 물을 수 있다. 우리는 이미 향심기도와 렉시오 디비나를 해왔는데, 왜 세 가지가 더 필요한가? 이것으로 충분하지 않은가?

어떤 의미에서는 그렇다. 그러나 우리가 매 순간 하나님의 임재를 자각하기 원한다면, 이 세 가지는 작은 금광이라 할 수 있다. 우리는 시간의 흐름에 따라 하나님에 대한 깨달음을 좇아가다가 문득 그 깨달음이 현실이 되는 것을 보게 된다. 그런 일이 일어날 때 모든 것은 변모한다. 우리는 매우 나쁜 상황 속에 있을지 모르지만, 그것 역시 천국처럼 보일 것이다. 왜냐하면 우리는 뼛속 깊은 곳에서 더 이상 아무것도 원하거나 필요치 않다는 것을 깨달았기 때문이다. 우리가 도달해 있는 그곳이 땅위의 천국이다.

적극적 기도(Active Prayer)

첫 훈련은 적극적 기도이다. 이 기도는 향심기도나 렉시오 디비나 같은 관상기도와 마찬가지로, 우리를 의도적으로 하나님 임재의 자각으로 이끌어가는 고대의 훈련 방식이다. 매 순간 기도하는 방식으로, 사도 바울이 데살로니가전서 5장 17절에서 권했던 기도이다. "호흡을 할 때마다, 심장의 박동에 따라서 쉬지 말고 기도해야 한다."

생각의 변화를 추구하는 어떤 관상적 방법처럼, 적극적 기도는 침묵으로 기도하는 시간에 내주하시는 하나님의 친밀함을 맛보고자 하는 열망을 자극하는 기도이다. 그것은 향심기도 외에 일상의 활동 속에서 이루어진다. 당신이 집중해야 할 일에 집중할 수 없을 때에 하는 기도이다. 예를 들자면, 마루 닦는 일과 같은 지루한 일을 할 때는 많은 주의와 집중이 요구되지 않는다. 마루를 닦는 동안 몇 마디 기도의 말을 할 수 있지 않은가? 마루를 닦는 일을 중단하지 않고도 지속적으로 하나님의 임재를 자각할 수 있다. 집중을 요구하지 않는 일들을 할 때가 적극적 기도를 할 수 있는 완벽한 때이다. 결과를 보장하는 일이라면, 지루함은 줄어들 것이고 새로운 방식으로 하나님과 접촉할 수 있는 확실한 길이 열릴 것이다. 중요한 것은 단순하면서도 생생하게 하는 것이다.

하찮게 보이지만 하지 않을 수 없는 일들로 가득 찬 것이 인생이다. 당신은 주변에서 자신들이 하고 있는 일에 대해 불평의 소리를 늘어놓는 사람들을 만나곤 한다. 이렇게 하찮은 일들을 하나님과 소통할 수 있는 기회로 삼는다면 얼마나 좋은가?

적극적 기도의 방법

먼저, 6-12음절의 문장을 선택하여 자기 자신과 하나님께 반복해서 되뇐다. 몇 가지 예를 들면 다음과 같다.

"오 주님, 오셔서 나를 도와주세요."

"하나님, 언제나 당신을 신뢰할 수 있도록 도와주세요."

"주님, 나 자신에게 진실하도록 도와주세요."

"주님, 나에게 인내를 가르쳐주세요."

"주님, 미움을 사랑으로 바꾸어주세요."

"주님 말씀하소서, 종이 듣겠나이다."

"예수님, 모든 것에서 선함을 볼 수 있도록 도와주세요."

"예수님, 당신의 사랑하는 죄인에게 자비를 베풀어주소서."

당신이 좋아하는 것이 있으면 자유롭게 보완해도 좋다. 무엇이든 보완해도 좋으나, 하나님과의 관계를 위한 개인적인 어떤 것을 열망하라. 무엇보다도 그것이 당신에게 의미를 주어야 한다. 하나님에게 멋있어 보이기 때문에 멋있는 어떤 것들을 만들려 하지 말라. 무엇보다도 하나님은 하나님과 우리 자신에게 솔직하기를 바라신다.

이 기도를 몇 날, 몇 주, 몇 달 동안 반복하면 신비롭게도 이 기도가 우리의 한 부분이 된다. 우리 마음 깊숙이에, 다시는 결코 그럴 수 없을 만큼 마음 깊은 곳에 자리를 잡는다. 적극적 기도를 실습하는 동안 내적 대화의 혼란은 잦아들고 사라진다. 하나님이 마음의 중심 자리를 차지하시기 때문이다.

다음으로, 무엇보다도 서두르지 말고 두려워하지 말고 말하면 된다. 이 기도는 염려하지 않고, 조급해하지 않고, 애를 쓰지 않아도 되는 기도이다. 하나님을 향하여 우리가 하는 모든 것은 쉽게 되어진다. 물 흐르듯이, 평화롭고 즐겁게 하면 된다. 향심기도같이 그렇게 하면 된다. 우리가 신실하기만 하면, 나머지는 하나님이 하신다.

이 기도를 올리는 동안 마음이 겉돌게 되면, 향심기도에서 거룩한 단어로 돌아오듯이 부드럽게 그 단어로 돌아오면 된다. 당신이 선택한 단어들이 더 이상 당신으로부터 많은 에너지를 빼앗지 않는다는 느낌을 받을 때가 온다. 혹은 그 단어들을 바꾸고 싶은 상황이 오기도 한다. 그러면 특별한 시기를 지나고 있는 당신의 상황을 그 단어들이 대변하게 될 것이다. 그렇다. 각 시기에 맞는 기도 말로 바꿀 수 있다. 단지 그 상황에 맞는 새로운 단어들이 떠오르도록 예수님께 구하라. 너무 애를 쓰지는 마라. 하나님은 우리가 드린 모든 것을 받아들이신다. 하나님이 원하시지 않는 단 한 가지는, 기도 동안에, 그리고 어떤 일 때문에 염려하는 것이다.

세 번째로, 이 기도는 우리를 향심기도 혹은 렉시오 디비나를 끝낼 때와 같은 상태 안에 머물도록 해준다. 아니 그 이상이 주어진다. 이 기도 안에서 우리가 요청하는 것은 거듭 주어질 것이다. 이 사실을 신뢰하라. 그것은 진실이다. 이 기도를 하는 이유는 우리가 하는 모든 일 가운데에서 하나님을 자각하기 위함이다. 그러나 이 기도를 하기에 가장 적합한 때는 우리의 집중을 요구하지 않는 일을 할 때이다.

일을 벗어나 음식을 먹으려고 기다릴 때, 샤워하기 위해서 기다릴 때, 혹은 약속이나 모임을 위하여 기다릴 때에 이 기도를 할 수 있다. 벌들이 벌집 주위를 분주하게 맴돌듯이 우리의 마음은 바쁘게 배회하기 때문에, 우리는 자주 화가 나고 슬퍼지고 걱정을 하게 된다. 그런데 이 기도는 분노와 슬픔과 걱정 그리고 부정적인 생각들을 제거해준다. 우리의 삶에 의미를 주는 기도 말은 우리의 마음을 잔잔케 하고 우리의 마음을 붙들어준다. 이 기도는 사물을 보다 분명하게, 그리고 다른 관점으로 볼 수 있도록 우리의 중심을 잡아준다.

이제 기도를 해보자. 그래서 우리의 내면뿐만 아니라 이 세상에 평화를 만들 수 있는 더 많은 관점을 갖도록 하자.

20분간의 향심기도와 렉시오 디비나로 끝낸다.

매일 향심기도를 드린다.

9장 내용을 읽어 온다.

▼ 매일 실습 과제

첫째 날 - 향심기도를 할 시간과 장소를 기록한다.

첫 번째 향심기도 _____

두 번째 향심기도 _____

개인적으로 렉시오 디비나에 사용할 말씀을 기록한다.

가능한 자주 적극적 기도를 연습해보자. 그리고 당신의 적
극적 기도를 적어보라.

둘째 날 - 향심기도를 할 시간과 장소를 기록한다.

첫 번째 향심기도 _____

두 번째 향심기도 _____

개인적으로 렉시오 디비나에 사용할 말씀을 기록한다.

가능한 자주 적극적 기도를 연습해보자.

셋째 날 - 향심기도를 할 시간과 장소를 기록한다.

첫 번째 향심기도 _____

두 번째 향심기도 _____

개인적으로 렉시오 디비나에 사용할 말씀을 기록한다.

가능한 자주 적극적 기도를 연습해보자.

넷째 날 - 향심기도를 할 시간과 장소를 기록한다.

첫 번째 향심기도 _____

두 번째 향심기도 _____

개인적으로 렉시오 디비나에 사용할 말씀을 기록한다.

가능한 자주 적극적 기도를 연습해보자.

다섯째 날 - 향심기도를 할 시간과 장소를 기록한다.

첫 번째 향심기도 _____

두 번째 향심기도 _____

개인적으로 렉시오 디비나에 사용할 말씀을 기록한다.

가능한 자주 적극적 기도를 연습해보자.

확장된 향심기도의 열매 2
: 환대의 기도

환대의 기도는 상당한 설명을 요한다. 이 기도를 할 때는 우리가 어디로부터 왔는지에 대한 이해가 필요하다. 그렇지 않으면 그저 의미 없이 많은 말들을 하게 된다. 우리가 태어났을 때를 돌이켜보자. 우선 우리는 각각 특별한 기질과 신체적 특징들을 나타내는 유전자를 가지고 태어난다. 부모와 조상들로부터 많은 요소들을 물려받는 것이다. 그것들은 우리가 좋아하든 싫어하든, 일생 우리와 함께 하는 것들이다.

환대의 기도(the Welcoming Prayer)

우리는 자라면서 여러 환경들을 경험한다. 역기능적인 가정
에서 자랄 수도 있고, 고아가 될 수도 있고, 위탁 부모들을 만
나기도 하고, 좋은 학교 또는 그렇지 못한 학교에 다니기도 하
고, 좋은 회사 또는 그렇지 못한 회사에 들어가기도 하고, 돈
을 많이 벌기도 하고, 사랑에 빠지기도 하고, 상처를 받기도
한다. 이 모든 경험에서 받은 영향들과 그 외 많은 것들이, 우
리를 지금 처해 있는 이 지점으로 이끌어왔다. 우리는 부모로
부터 물려받은 유전자, 살면서 받은 영향들, 개인의 자유의지
등에 의해 각각 다른 방식으로 반응한다. 수십 년 간의 연구를
근거로 심리학에서 말하는 바에 따르면, 아이들이 어릴 때에
그 욕구들이 충족되지 못하면 이것들을 채우려는 쪽으로 자라
가게 된다고 한다.

　여기서 말하는 욕구들은 세 가지의 신경중추를 중심으로 발
전해간다.

　첫째, 안전과 생존의 욕구이다.

　둘째, 애정과 자기 존중과 인정의 욕구이다.

　셋째, 권력과 통제의 욕구이다.

　이러한 욕구들이 어린 시절에 만족되지 못하면 어른이 되어

서도 계속 그것들을 요구하게 되며, 일반적으로 그 욕구를 만족시키기 위한 삶을 살게 된다. 예를 들어보자. 안전과 생존의 욕구가 만족되지 못했던 한 아이가 있다. 그 아이는 마음속에 한 가지 생각을 가지고 자라간다. 많은 돈을 벌고 싶어 한다. 그래서 어른이 되어 돈을 벌지만, 결코 충분하지 않다. 또한 인정받는 사람이 되고자 하지만, 그것도 충분하지 않다. 그는 결코 충분히 안전하다고 느끼지 않는다. 그는 이러한 욕구들과 자기를 지나치게 동일시한다.

다른 예로, 애정과 존중감이 결핍되었던 아이를 보자. 그는 연기에 재능이 있어서 영화배우가 되기로 한다. 그 분야에서 상도 여러 번 받는다. 그러나 여전히 행복하거나 만족하지 않는다. 왜냐하면 대중으로부터 받는 애정이나 존중감이 그에게는 충분하지 않기 때문이다. 그는 애정, 존중감, 다른 이들의 인정을 자신과 지나치게 동일시한다.

권력욕과 통제력은 어떠한가? 이것은 더 큰 문제다. 어디에서나 흔히 보는 문제이기도 하다. 자기가 다른 사람들을 통제하거나 그들에게 영향력을 줄 수 없다고 느끼는 사람은, 권력욕과 통제력을 자기 자신과 지나치게 동일시한다. 그는 어떤 힘을 얻기 위해서 폭력집단에 관여할 수도 있고, 자기 방식대로 살고자 하는 아내나 자녀들의 자유를 억압하는 사람이 될 수도 있다. 자신이 그들의 삶을 통제해야 하기 때문이다. 자기 자신만이 옳고, 자신만이 바르게 생각하는 법과 믿는 법을 알고 있다고 여긴다. 자신의 통제력을 상실하면 스스로 무익하고 무가치하다고 느낀다. 결국 권력과 통제 중심의 사람이 된다.

기억해야 할 중요한 점은, 이러한 욕구들이 나쁜 것은 아니라는 것이다. 우리 모두는 안전, 애정과 통제력이 필요하다. 우리를 잘못된 방향으로 나아가게 하는 것은, 이러한 욕구들과 자신과의 지나친 동일시다. 이것이 문제다. 더 심각한 것은 사람들이 그러한 사실을 의식적으로 자각하지 못한다는 사실이다. 지나친 자기 동일시는 무의식적인 작동이다. 우리는 그러한 생각이 원래부터 있었던 것처럼 자연스럽게 느낀다.

이러한 욕구들과 자신과의 지나친 동일시는 사람을 과장하게 만들고, 분노하게 만들고, 좌절감에 빠지게 하는 등 갖가지 현상을 불러일으킨다. 향심기도를 하고 난 후에는 편안하게 느끼지만, 일상생활 속에서 우리를 분노케 하는 일들을 경험할 때에는 어떤 특정한 욕구와 자기 자신을 지나치게 동일시한다. 지나친 자기 동일시는 오직 하나님만이 제거해주실 수 있다. 이 욕구들은 무의식 깊은 곳에 숨겨져 있기 때문에, 우리는 그것에 도달할 수 없으며 오직 하나님만이 하실 수 있다. 그래서 우리는 환대의 기도라고 하는 영적 훈련을 사용한다.

환대의 기도 방법

우리를 당혹스럽게 만들거나 우리의 감정을 폭발시키는 어떤 경험을 할 때, 우선적으로 할 일은 우리 몸에 초점을 맞추고 이러한 느낌이나 감정이 우리 몸의 어디에 머물고 있는지 찾는 것이다. 일단 그 장소를 확인했다면, 그 상태에 주목하라. 우리 몸의 각 세포는 우리가 경험해왔던 것들을 담고 있다는 사실을 기억해야 한다.

그 감정에 주목하면서 성령님께 이렇게 말한다.

성령님, 환영합니다. 환영합니다. 환영합니다.
안전과 생존에 대한 욕구를 흘려보냅니다.
인정과 존중과 애정에 대한 욕구를 흘려보냅니다.
통제와 권력에 대한 욕구를 흘려보냅니다.
현재의 상태를 변화시키고자 하는 욕구를 흘려보냅니다.

우리는 이 기도 안에서 어떠한 것도 억누르지 않는다. 오히려 흘려보내면서 성령님이 가져가시도록 한다. 이 기도를 할 때마다 지나친 자기 동일시 체계는 점점 작아진다. 어떤 시점에 이르면, 이 모든 욕구들이 흘러갔다는 것을 느끼게 된다. 우리도 알지 못하는 사이에 그러한 일들이 진행되고 있었으며, 어느 날 눈을 떠 보니 더 이상 자기 자신을 이러한 욕구들과 동일시하지 않는다는 사실을 발견한다. 그러한 욕구들이 사라지면서 더 이상 그것들에 의해서 통제받지 않는 자유인이 된다.

이제 정리해보자. 먼저 당혹스러운 상태를 인지하라. 그 느낌이 당신 몸 어디에서 꿈틀거리고 있는지 확인하고 그 안으로 몰입하라. 그리고 성령님께 말하라.

성령님, 환영합니다. 성령님, 환영합니다. 성령님, 환영합니다.
나는 안전 욕구를 떠나보냅니다.
나는 애정 욕구를 떠나보냅니다.
나는 현재 상태를 변화시키고자 하는 욕구를 떠나보냅니다.

한 지혜자가 이렇게 말한 적이 있다. "환대의 기도는 단순히 치유만 하는 것이 아니라, 우리 존재를 새롭게 창조하는 능력이 있다. 우리의 어두움 속에서 빛을 비추시는 분은 그리스도이시다. 그래서 우리는 결국 그리스도의 것으로 변화될 수 있다." 이 기도를 이해하기 위한 최선의 길은 해보는 것이다. 왜냐하면 기도는 절대적으로 비논리적이고 비이성적인 측면이 있기 때문이다.

20분간의 향심기도와 렉시오 디비나로 끝낸다.

매일 향심기도를 드린다.

10장 내용을 읽어온다.

▼ 매일 실습 과제

첫째 날 - 향심기도를 할 시간과 장소를 기록한다.

첫 번째 향심기도 _____

두 번째 향심기도 _____

개인적으로 렉시오 디비나에 사용할 말씀을 기록한다.

환대의 기도를 실습한다.

이 기도 후의 당신의 반응을 평가한다.

둘째 날 - 향심기도를 할 시간과 장소를 기록한다.

첫 번째 향심기도 _____

두 번째 향심기도 _____

개인적으로 렉시오 디비나에 사용할 말씀을 기록한다.

환대의 기도를 실습한다.

셋째 날 - 향심기도를 할 시간과 장소를 기록한다.

첫 번째 향심기도 _____

두 번째 향심기도 _____

개인적으로 렉시오 디비나에 사용할 말씀을 기록한다.

환대의 기도를 실습한다.

넷째 날 - 향심기도를 할 시간과 장소를 기록한다.

첫 번째 향심기도 _____

두 번째 향심기도 _____

개인적으로 렉시오 디비나에 사용할 말씀을 기록한다.

환대의 기도를 실습한다.

다섯째 날 - 향심기도를 할 시간과 장소를 기록한다.

첫 번째 향심기도 _____

두 번째 향심기도 _____

개인적으로 렉시오 디비나에 사용할 말씀을 기록한다.

환대의 기도를 실습한다.

10장

확장된 향심기도의 열매 3
: 용서의 기도

예수님의 핵심적인 가르침이지만 실천하기가 쉽지 않은 기도, 용서의 기도를 해보겠다. 우리 모두는 매일의 삶 속에서 용서가 필요한 사람들이다. 이 기도는 바로 그것을 하도록 도와준다.

용서의 기도(Prayer of Forgiveness)

때때로 우리는 용서를 원하지 않기도 한다. 또 어떤 때에는 용서를 원하나 용서할 수 없는 경우도 있다. 용서는 가장 실천하기 어려운 것들 중의 하나이다. 그러나 그것은 영성의 핵심이다. "당신을 용서합니다"라는 말이 목구멍에 붙어서, 소리를 질러야 나올 정도라 할지라도 어쨌든 시도를 해보라. 7일 동안 매일 이 기도를 해보라. 7일이 다 지난 후에도 여전히 그 사람을 용서할 수 없다는 마음이 들 수 있다. 그러나 미미하지만, 당신 안에서 무엇인가 변화가 일어나고 있음을 감지할 것이다. 중요한 것은, 내면 안에서 일어나는 뭔가를 느끼는 것이 아니라 용서하겠다는 의향이다. 우리의 느낌은 순간순간 변하는데, 대부분 의식하지 못한 채 지나가버린다.

이것은 매우 강력한 기도이다. 이 기도는 성령님이 이끌어 가시며, 거듭해서 발전되는 관계의 표현이다. 이 기도가 용서하고자 하는 그 사람에게 정말 영향을 미치는지 우리는 잘 모른다. 하지만 만약 우리 모두가 성령님을 통하여 서로 연결되어 있다는 것을 믿는다면, 그 사람이 죽었다 할지라도 그 사람에게 영향을 미친다는 것을 신뢰하라. 이것은 하나님만 알 수 있는 신비이다. 무엇인가 일어난다. 이것이 무엇이든지, 그것은 이 기도를 거듭해서 해본 사람만이 알 수 있는 일이다.

용서는 사랑과 더불어 예수님 가르침의 중심이다. 향심기도에서와 마찬가지로 의향이 무엇보다도 중요하다. 다시 말하자면 그 사람에 대해서 따뜻함을 느낄 필요는 없다. 용서하고자 하는 의향이 있다면, 바로 그것이 당신이 할 수 있는 모든 것이다. 예수님은 이것이 얼마나 어려운 일인지 잘 알고 계신다. 만약 당신이 용서할 수 없을 만큼 미워하는 사람이 있다면, 예수님께 도와달라고 간청하라. 그분은 도와주실 것이다. 당신이 할 일은 그저 기다리는 것이다.

용서의 기도는 묵상과 같다. 당신이 상상력을 동원하여, 용서하고 싶은 사람을 실제로 보는 것처럼 떠올리는 일에 불과하지만, 그것이 용서의 기도이다. 만약 이런 묵상보다 당신이 선택한 말을 사용하는 것이 편하다면, 그렇게 할 수 있다. 중요한 것은 실제로 그렇게 하는 것이다.

용서는 쉬운 일이 아니다. 미움과 복수와 상처 등이 뒤범벅되어 있기 때문이다. 이 세상에서 가장 어려운 일일 수 있다. 이것이 우리가 예수님을 바라볼 때의 감정이다. 예수님의 삶을 바라보라. 그는 치유하셨고, 가르치셨고, 사랑하셨고, 모든 사람에게 자비와 관심을 보여주셨다. 그러나 그들은 예수님을 십자가에 못 박았다. 우리와 달리 그분은 도살장에 끌려가는 양과 같이 죄가 없으시다. 정말 이해할 수 없는 일이다. 불과 며칠 전까지 예수님을 환호하던 그들이, 예수님에게 피를 흘릴 것을 요구했다. 그럼에도 불구하고 예수님은 십자가 위에서 무슨 일을 하셨는가? 용서하셨다. 예수님은 그들을 용서하셨고, 또 거듭해서 우리 모두를 용서하신다.

우리가 할 수 있는 최선은, 아무리 실수를 하고 엉망이 되었을지라도 예수님은 기꺼이 우리를 용서할 준비를 하고 계신다는 것을 마음 깊이 알고 그를 따르는 일이다. 이 기도가 그와 함께, 그를 통하여, 그 안에서 일어날 수 있다면, 우리는 예수님이 하셨던 그 일이 우리에게도 일어나리라는 희망을 가질 수 있다.

우리는 때때로 할 수 없다고 생각한다. 거듭 기도하는 동안 이러한 걱정을 털어버리도록 해야 한다. 우리는 자유롭게 선택할 수 있고, 선택하는 것이 무엇이든지 예수님과 함께하면 훨씬 수월하다. 왜냐하면 선택은 결코 한 번으로 끝나는 것이 아니고, 계속해서 반복적으로 해야 하는 일이기 때문이다.

용서 묵상을 위한 기도

용서 묵상을 구체적으로 어떻게 할 수 있는지 살펴보자.

우선, 향심기도로 시작한다. 이 기도를 따라가는 동안 잠시 침묵 가운데 머문다. 그리고 눈을 감는다. 부드럽게 당신의 몸에 당신 자신을 둔다. 내적인 눈으로 당신의 몸을 살핀다. 몸의 각 부분 부분들을 이완시킨다. 마음 안에서 쉼을 누린다.

그리고 호흡을 한다.

당신의 마음에 주목하고 마음을 연다. 마음으로 들어오시는 성령의 빛을 들이마시라. 열어라. 그리고 당신의 몸을 이완시킨다.

성령님이 당신을 친절하게 인도하시도록 맡기라. 성령님은 빛과 따뜻함과 환대하는 영으로 가득 차 있다. 그가 죽었든지 살았든지, 당신의 용서가 필요한 사람이 떠오르도록 성령님을 초청한다. 혹은 당신이 용서하고 싶은 사람이 기억나도록 도와달라고 성령님을 초청한다. 당신의 거룩한 내면 안에 나타난 그 사람이 누구든지 그에게 마음을 열어라. 그리고 그의 이름을 부르며 반갑게 맞이한다.

당신이 관계에서 경험한 것들을 이 사람에게 나눈다. 당신이 얼마나 상처 받고 아파했는지, 그리고 얼마나 충격 받았는지를 나눈다. 구체적으로 하라. 이 사람과 고통을 나눈다. 그 과정에서 조용히 마음을 열고 잠시 머문다.

준비가 되었을 때에 그 사람을 용서한다고 말하라. 부드럽게 "나는 너를 용서한다. 나는 너를 용서한다"고 말이다. 필요한 만큼 그리고 용서할 준비가 되었다고 느낄 때까지 거듭해서 반복한다.

이제, 당신이 어떻게 상처를 주었고 충격을 주었고 아프게 했는지 그 사람에게 물어보라. 그리고 기다리며 귀를 기울이라.

이 과정에서 열린 마음으로 머물러라. 준비가 되었을 때에 친절하게 말한다.

"용서해주세요. 용서해주세요. 용서해주세요."

필요한 만큼 반복하라. 이 용서의 과정이 끝났다고 느껴질 만큼 반복한다. 당신의 생각과 느낌과 감정을 살핀다. 그리고 그것들과 함께 하라.

그 사람에게 그 마음의 자리에서 떠나달라고 요청한다. 필요하다면 후에 다시 찾아와달라고 요청한다. 성령 안에서 필요한 만큼 침묵으로 시간을 보낸다.

마음의 자리를 떠날 준비를 하라. 마음의 문을 열고 거룩한 마음의 자리로부터 나온다. 당신의 몸 안에 위치한 오솔길을 빠져나오라. 준비가 되었을 때에 천천히 눈을 뜬다. 기도를 마친다.

실천하기

당신이 좋아하지 않는 한 사람을 선택하라. 적어도 일주일 동안 그 사람 안에 있는 좋은 점을 보려고 노력하라. 어려운 일일 수 있다. 그의 좋은 점을 보고 싶지 않을 수 있다. 어쨌든 그렇게 한다. 그리고 무슨 일이 일어나는지를 보라. 주말 즈음까지 그에게서 좋은 점이 발견되지 않을지라도 무엇인가 당신 안에서 변화가 일어날 수 있다.

또 다른 어떤 사람에게 10일 동안 매일 친절한 말을 하거나 친절한 행동을 해보라. 이어 다른 사람들을 선택하여 동일하게 해본다. 그리고 당신의 마음 안으로 들어가서 당신이 보았던 것들 중에서 가장 좋아하는 것을 보라. 그것을 볼 수 있게 해달라고 예수님께 구하라. 그런 다음 당신 안에서 자라나기를 기대하는 그것이 자라날 수 있도록 노력한다. 어린 아이에게 젖을 주듯이 그렇게 마음을 양육하라. 그리고 성숙하는 것을 지켜보라. 시간이 걸릴 일이지만, 가치 있는 일이 벌어질 것이다.

묵상

아래의 이야기를 읽고 반추해본다. 이 이야기가 당신의 삶과 어떻게 연결되는지를 생각하라. 어떻게 '그리스도의 눈으로' 다른 사람들을 보면서 살아갈 수 있는지 생각해본다.

삶에 대한 교훈들

네 자녀를 둔 사람이 있었다. 그는 자기 아들들이 다른 사람들을 너무 빨리 판단하는 사람이 되지 않기를 바라는 마음으로 양육했다. 어느 날 그는 아들들을 훈련시키고자 아주 멀리 떨어진 곳의 배나무를 둘러보고 오라고 차례로 보냈다. 첫째 아들은 겨울에 보냈고, 둘째 아들은 봄에 보냈고, 셋째 아들은 여름에, 그리고 막내는 가을에 보냈다. 네 아들들이 모두 둘러보고 난 후, 그 사람은 자녀들을 불러놓고 자녀들이 본 것들을 설명하라고 했다.

첫째 아들(겨울)은 나무가 추하게 꼬부라지고 뒤틀려 있었다고 했다. 그러자 둘째 아들(봄)이 아니라며 반박했다. 그 나무는 푸른 싹으로 덮여 있었고 약속으로 가득 차 있었다고 보고했다. 셋째 아들(여름)도 이에 동의하지 않고, 나무의 향기가 가득했고 아름다운 꽃들이 만개했었다고 하면서, 자기가 본 장면들 중에 가장 아름답고 풍요로운 광경이었다고 했다. 막내아들(가을) 역시 그 모든 의견에 동의하지 않고 이렇게 말했다. "생명과 원숙함이 가득한 열매들이 주렁주렁 늘어져 있었어요."

그 사람은 모두 다 옳다고 말했다. 왜냐하면 그들 각자는 그 나무의 한 계절만 보았기 때문이다. 그는 아들들에게, 한 계절만 보고 하나의 나무나 한 사람을 판단할 수 없다고 가르쳤다.

자신들이 어떤 존재인지, 그 생애에서 경험하는 일이 진정 즐거움인지 기쁨인지 사랑인지는 그 생애의 마지막, 즉 모든 계절을 지났을 때에야 측량할 수 있다. 만약 당신이 겨울에 포기하면 봄의 약속과 여름의 아름다움, 그리고 가을의 완성을 놓칠 것이다.

도덕

한 계절의 고통이 나머지의 기쁨을 파괴하지 않도록 하라. 하나의 어려운 계절로 인생을 판단하지 말라. 어려운 시절을 견디면 더 좋은 시절이 다가올 것이라는 확신을 가지라. 행복은 당신을 달콤하게 하지만, 시련은 당신을 강하게 해준다. 슬픔은 당신을 인간이 되도록 해주고, 실패는 당신을 겸손하게 해준다.

그러나 하나님만이 당신을 계속해서 전진하도록 해주신다.

죄인인 우리는 언제나 이 사회를 겨울의 눈으로 보려고 하는 경향이 있다. 우리 안에서 여전히 가능성을 보는 사람은 특별한 사람이다. 그 독특한 사람은 우리 주위를 둘러싸고 겨울 너머의 또 다른 것들을 보도록 영감을 불러일으켜준다. 주변 사람들이 나와 우리를 그리스도의 눈으로 보아주기를 기도하자.

11장

요약
하기

적극적 기도, 환대의 기도, 용서의 기도는 당신에게 자유함을 안겨줄 것이다. 이 기도들은 이전에 알지 못했던 자유함을 줄 것이다. 왜냐하면 이 자유함은 당신 안에서 이미 살고 있는 그 어떤 것이기 때문이다. 이 세상의 많은 사람들이 자유로운 것처럼 보인다. 그러나 그렇지 않다. 그들은 돈과 물건과 지위와 힘을 가지고 있으나, 내면에 자유함이 없다. 그들은 그들의 생각과 감정과 그들 자신에 의해서 갇혀 있다. 그들은 여전히 자기 자신을 통제하는 법을 배워야 한다. 그들이 의존하는 모든 것은 언제든지 부서지기 쉽고 변하기 쉬운 것들이다. 그들은 병과 늙음, 죽음을 두려워한다. 그들은 여전히 믿을 만한 분이신 하나님만이 답이라는 것을 배워야 한다. 이것만이 유일하게 우리를 자유케 한다. 우리가 자유함을 가질 때, 우리를 둘러싸고 있는 그 모든 것이 마침내 별로 가치 없는 영화처럼 보일 수 있다. 궁극적으로 이것만이 우리가 살 길이다.

인도하고 변화시키는 기도들

우리의 기억을 새롭게 하자. 향심기도 훈련은 하나님 사랑의 현존하심과 우리 안에서 활동하시는 하나님에 대해서 우리 자신을 열도록 해준다. 이 기도는 궁극적인 신비, 즉 하나님 자신에게로 깊이깊이 들어가도록 해준다. 그 기도는 다른 방식으로는 치유할 수 없는 방법으로 우리를 정화시켜준다. 우리가 경험한 바대로, 우리가 갖가지 방법으로도 할 수 없는 것들을 하나님만이 하실 수 있다는 것을 알게 된다. 결국 우리는 우리 자신의 선함을 깨닫고 믿게 된다. 거듭해 갈수록 우리는 다른 사람들 안에서도 선함을 인식하고 모든 사람들과, 한 걸음 더 나아가 진실로 전 인류와 함께 연대할 수 있게 된다.

렉시오 디비나는 어떤 의미에서 우리가 아무것도 할 수 없다는 것을 느끼게 해준다. 말씀을 통해서 예수 그리스도의 삶을 더 잘 배우게 하고, 그의 삶과 우리 삶의 연결점들을 볼 수 있게 해준다. 우리는 특별한 말씀들에 이끌려, 이전에는 알지 못했던 삶의 어떤 요소들을 발견하게 된다. 성경말씀 행간에 숨겨진 것들을 보고 이해할 수 있게 된다. 왜냐하면 우리가 렉시오 디비나를 할 때에 성령님이 우리와 매우 가까이에 계시고, 이 모든 것들을 드러나게 해주시기 때문이다.

적극적인 기도는 쉼 없이 주절거리는 우리 마음의 숲 속에서 깨끗함을 창조해내는 데 기여한다. 우리 내면은 항상 과거와 미래에 대한 생각들로 가득 차 있다. 그것들은 결코 끝이 없다. 우리가 적극적인 기도를 할 때에 이 기도는 우리를 하나님이 드러나시기로 되어 있는 그 지점으로 우리를 인도한다. 모든 혼란과 걱정, 염려, 생각들이 사라지고 참된 것, 순수한 것, 평화로운 것, 성숙한 것들로 대체된다. 우리는 하루가 끝날 때에 하나님의 삶에 대한 생각들이 우리 마음을 사로잡고 있는 다른 상념들보다 훨씬 더 많다는 것을 발견한다.

환대의 기도는 일상생활 한가운데에서 일어나는 잡다한 일들을 그대로 인정하고 부정적인 것들을 흘려보내도록 도와준다. 우리는 어떤 사람이 일으킨 문제 상황에 연루되는 대신에, 환대의 기도로 돌아와서 성령님을 환영하고 동시에 우리를 혼란시키는 이유들을 흘려보내게 된다. 부정적인 상황이 일어나고 있는 동안에는 우리가 기도할 수 없다 할지라도 낙담하지 말아야 한다. 그 상황이 지나간 후에 이 환대의 기도를 하면 된다. 그러면 그 다음에 똑같은 어려운 사건이 일어나도 훨씬 쉽게 기도를 할 수 있게 된다.

용서의 기도는 우리 자신들을 용서하고, 다른 사람들을 용서해주는 데 도움을 준다. 아마 기도에서 가장 어려운 것은 내적 자유함에 이르는 것이리라. 이 기도에 대해서 기억해야 할 가장 중요한 일은 용서하고자 하는 의향이다. 우리가 용서를 원한다거나 그렇지 않다거나 하는 감정들은 그렇게 중요한 것이 아니다. 그러한 감정은 변화된다. 그러나 의향은 변화되지 않는다. 이 기도는 예수님의 특별한 도움이 필요할 수 있다. 왜냐하면 어려운 일이기 때문이다. 걱정하지 마라. 주님은 항상 당신 안에 계신다.

마지막으로 기억해야 할 것

수 주 동안 읽었고, 배웠고, 활동을 했고, 무엇보다도 훈련해 왔다.

의심할 여지없이 당신의 삶 속에서 새로운 어떤 일이 시작되는 느낌을 받을 것이다. 또한 당신을 위하여 무엇인가 다른 것, 무엇인가 귀한 것, 순수하고 환영받는 어떤 것이 시작됨을 느끼게 될 것이다. 어쩌면 그 과정이 끝나는 것을 염려하게 될 것이다. 향심기도가 줄어드는 것을 오히려 염려하게 될 것이다. 결국 이 과정이 당신의 기도를 지속하는 데 도움을 주었음을 알게 될 것이다. 그리고 이제 스스로 이 기도를 해야 하는 부담을 느끼게 된다. 기도가 지루해지거나, 기도할 시간을 찾을 수 없거나, 혹은 우선순위에서 기도가 밀리게 될지도 모른다는 두려움도 일어날 수 있다.

이 모든 것들은 자연스러운 현상이다. 우리 모두는 다 그러한 속성을 지니고 있다. 그러면 어떻게 할까? 첫째, 두려움을 물리치라. 둘째, 예수님의 도움을 요청하라. 그는 당신의 기도를 지켜볼 것이다. 셋째, 당신 안에서 강력한 영적 여정이 시작되었고, 새로운 세계가 열렸으며, 거기서 당신은 이전에 경험해보지 못한 기쁨과 평화를 맛보게 될 것이고, 이 은사들은 다른 사람들에게 영향을 미칠 수 있다는 것을 기억하라. 무엇보다도 당신은 자유롭게 될 것이다. 왜냐하면 우리 내면에서 자유롭게 될 때만이 우리는 진정 자유롭기 때문이다. 향심기도는 이러한 일이 일어나도록 도와준다.

우리는 우리 안의 선한 것만 보시는 하나님을 알고 있다. 그리고 하나님의 사람들을 받아들이도록 요청하시는 하나님을 알고 있다. 나머지는 그분이 하신다. 기억하라. 하나님은 당신을 붙들고 계시며, 결코 버려두시지 않는다.

기억하라. 하나님은 당신을 붙들고 계시며,
결코 버려두시지 않는다.

참고 도서

국내 저자 도서

· 엄무광,《관상기도의 이해와 실제》(성바오로출판사).

· 엄무광,《향심기도: 그리스도인의 행복과 성화의 길》(성바오로출판사).

· 엄무광,《향심기도와 함께하는 Lectio Divina》(가톨릭출판사).

· 이세영·이창영,《향심기도 수련》(분도출판사).

· 정규완,《내가 하자는 대로 하여라》(성바로오출판사).

· 홍성주,《내 영성을 살리는 관상기도》(신앙과지성사).

번역 도서

· 게일 피츠패트릭 호플러 외,《환영의 기도》(불휘미디어 역간), Gale Fitzpatrick, *Welcoming Prayer*.

· 메리 앤 베스트,《주의 지향 수련: 필요한 한 가지》(불휘미디어 역간), Mary Anne Best, *Attention / Intention*.

· 무명의 저자,《무지의 구름》(은성 역간), The Unknown Author, *The Cloud of Unknowing*.

· 바실 페닝턴,《향심기도》(기쁜소식 역간), M. Basil Pennington, *Centering Prayer*.

· 엘리자베스 스미스&요셉 칼메르스,《내 안에 살아 계신 하느님》(가톨릭출판사 역간), Elizabeth Smith & Joseph Chalmers, *Deeper Love: An Introduction to Centering Prayer*.

・ 요한 카시아누스,《요한 카시아누스의 담화집》(은성 역간), John Cassian, *Conferences*.

・ 윌리엄 메닝거,《사랑의 탐색》(바오로딸 역간), William A Meninger, *The Loving Search for God: Contemplative Prayer and the Cloud of Unknowing*.

・ 칼 J. 아리코,《집중기도와 관상 여행》(은성 역간), Carl J. Arico, *A Taste of Silence*.

・ 클리프턴 월터스,《무지의 구름》(바오로딸 역간), Clifton Wolters, *The Cloud of Unknowing*.

・ 토마스 키팅,《관상기도를 통해 하느님께 나아가는 길》(가톨릭출판사 역간), Thomas Keating, *Invitation to Love: The Way of Christian Contemplation*.

・ 토마스 키팅&바실 페닝튼&토마스 클라크,《구심기도》(분도출판사 역간), Thomas Keating, M. Basil Pennington, Thomas E. Clarke, *Finding Grace at the Center*.

・ 토마스 키팅,《그리스도의 신비》(바오로딸 역간), Thomas Keating, *The Mistery of Christ*.

・ 토마스 키팅,《내 안에 숨어 계신 하느님》(가톨릭출판사 역간), Thomas Keating, *Centering Prayer: Six Follow Up Sessions Following an Introductory Workshop on Centering Prayer*.

・ 토마스 키팅,《마음을 열고 가슴을 열고》(가톨릭출판사 역간), Thomas Keating, *Open Mind Open Heart*.

・ 토마스 키팅,《성령의 열매와 은사》(가톨릭출판사 역간), Thomas Keating,

Fruits and Gifts of the Spirit.

· 토마스 키팅,《센터링 침묵기도와 영적 여정》(은성 역간), Thomas Keating, *Manifesting God.*

· 토마스 키팅,《인간 조건: 관상과 변형》(성바오로출판사 역간), Thomas Keating, *The Human Condition: Contemplation and Transformation.*

· 토마스 키팅,《좋은 몫》(성바오로출판사 역간), Thomas Keating, *The Better Part: Stages of the Contemplative Living.*

· 토마스 키팅,《하느님과의 친밀》(성바오로출판사 역간), Thomas Keating, *Intimacy with God.*

· 토머스 머튼,《마음의 기도》(성바오로출판사 역간), Thomas Merton, *The Climate of Monastice Prayer.*

· 프랭크 X. 제레넥,《마음으로 가는 여행: 어린이를 위한 향심기도》 (인보성체수도회 가정교리연구소 역간), Frank X. Jelenek, *Journey to the Heart: Centering Prayer for Children.*

해외 도서

· Beatrice Bruteau, *Prayer and Identity in Spirituality, Contemplation, and Transformation: Writings on Centering Prayer by Thomas Keating and Others* (New York: Lantern Books, 2008).

· Centering Prayer, *Sewanee Theological Review Vol 40:1* (Sewanee, Tennessee: The school of Theology, The University of South, 1996).

- Cynthia Bourgeault, *Centering Prayer and Inner Awakening* (Cambridge MA: Cowley Publications, 2004).

- Cynthia Bourgeault, *The Heart of Centering Prayer* (Boulder CO: Shambhala Publications, 2016).

- Cynthia Bourgeault, *The Wisdom Way of Knowing: Reclaming an Ancient Tradition to Awaken the Heart* (San Francisco: Jossey-Bass, 2003).

- David J. Muyskens, *Sacred Breath, Forty Days of Centering Prayer* (Nashville, Tennessee: Abingdon Press, 2010).

- Jens Soering, *The Way of the Prisoner: Breaking the chains of Self through Centering Prayer and Practice* (New York: Lanternbooks, 2003).

- Kess Frey, *Centering Prayer and Rebirth in Christ on the Tree of Life* (Rudolph Stein, 2013).

- M. Basil Pennington, *Lectio Divina* (New York: The Crossroad Publishing Company, 1998).

- Murchadh O Madagain, *Centering Prayer and the Healing of the Unconscious* (New York: Lantern Books, 2007).

- Peter Traben Haas, *A Beautiful Prayer: Answering Common Misconceptions About Centering Prayer* (Creatspace independent Publication, 2014).

- Thomas Keating, Basil Pennington, *Centering Prayer in Daily Life and Ministry* (New York: Continuum, 1998).